AF143204

NORTH GUIDING.com
fishing guides

Küsten-Strategie

MEERFORELLEN

- Ostsee -

Der Verlag ist Fördermitglied der
Lachs- und Meerforellen Sozietät e. V.
www.lms-online.de

ISBN 978-3-942366-00-7

Impressum:

ISBN 978-3-942366-00-7

Copyright © 2010 by
NORTH GUIDING.COM Verlag GmbH
Michael Zeman
Behringstr. 28a, 22765 Hamburg

www.NORTHGUIDING.com - Email: feedback@northguiding.com

1. Auflage 2010

Das Werk einschließlich aller seiner Teile ist urheberrechtlich geschützt.

Jede Verwertung außerhalb der strengen Grenzen des Urheberrechtsgesetzes ist ohne schriftliche
Zustimmung des Verlags unzulässig und strafbar.
Dies gilt insbesondere für Nachdruck, Vervielfältigung, Übersetzungen, Mikrofilmverfilmungen und die
Einspeicherung und Verarbeitung in elektronischen Systemen inkl. dem Internet.

Alle Fotos / Karten / Luftbilder unterliegen dem Copyright © und dem Urheberrecht:
- Landkartenausschnitte und Luftbildaufnahmen – Copyright © 2010 by COWI A/S
- Fotos – Copyright © 2010 vgl. Bildbeschriftung ansonsten by Michael Zeman
- Kunstdruck Buchcover Copyright © 2010 by David Miller Fish & Wildlife Art (www.davidmillerart.co.uk)

Alle Fakten wurden sorgfältig recherchiert, trotzdem kann der Verlag keine Haftung übernehmen.

Graphik, Layout & Produktion: brandmarc.com / Marc Seiler www.brandmarc.com
Printed in Germany

„Das Dahinwandern entlang der Ufer, ob nun mit oder ohne Watstiefel oder Wathose bietet vor allem außerhalb der Badesaison besonderen Reiz, der von der Einsamkeit und Großartigkeit der Küstenlandschaft und dem unendlich weiten Meer noch gesteigert wird. Hier spürt der sensible Angler etwas von dem, was er sonst nur im Binnenland an den wilden, unberührten und einsamen Forellenbächen findet. Die Pirsch auf die Meerforelle übt einen Zauber aus, der ganz im Gegensatz zu den sonst mehr rustikal zu nennenden Angelmethoden der Küstenregion steht. Sie bietet Jagd und Sport im besten Sinne, ganz abgesehen von der reichlichen Bewegung an frischer Luft, die auch nach erfolglosen Angelstunden den Körper mit Frische und Glücksgefühl durchströmt. Meerforellenangler sind keine Topfangler. Hier ist nicht mehr der Fisch der reine Zweck des Tuns, sondern Teil eines harmonischen Ganzen, das sich aus Spannung, Bewegung und Freiheit in von Menschhand fast unberührt belassener Natur zusammensetzt."

Carl Werner Schmidt-Luchs - „Das Angeln im Meer vor westdeutschen Küsten" (Band 1, Seite 119, Verlag Paul Parey 1969)

VORWORT

Die Meerforellenfischerei an den Küstenlinien der Ostsee findet in einer wunderschönen Natur statt. Der Anblick eines silberblanken Fisches und die Faszination ihn zu fangen, erklärt die Leidenschaft, die jeden packt, der diese Küstenfischerei beginnt.

Überall an der Ostsee besteht praktisch jederzeit, die reelle Chance eine Meerforelle zu überlisten. Für manchen ist sie tatsächlich der Fisch der tausend Würfe, andere besitzen Erfahrungen, die einen Fangerfolg durchaus schneller möglich machen.
Meerforellenangler sind aus einem besonderen Holz geschnitzt und die Kombination aus einem heutzutage seltenen Naturerlebnis, einer permanenten Herausforderung und dem potentiellen Erfolgserlebnis begeistert immer mehr Menschen.

Im Vergleich zu Skandinavien besteht in Deutschland ein Defizit, eine umfassende Wissensquelle in einem Buch an die Hand zu bekommen, die die Küstenfischerei auf Meerforellen vollständig und fundiert darstellt.

Gerade für Meerforellenangler, die weit entfernt von der Ostsee wohnen, ist es schwer, diesen Erfahrungsschatz ohne weiteres selbst aufbauen zu können.

Mit diesem Buch wollen wir eine Lücke schließen, um vielen Interessierten einen umfassenden Einblick in die oft gut behüteten Geheimnisse der Meerforellenfischerei zu geben.

Wir wünschen Ihnen viel Freude beim Lesen dieses Buchs, das nun nach einer langen Vorbereitung und vielen Gesprächen, aber auch nach jahrelangen eigenen Erlebnissen an der Ostsee, druckfertig ist.

Knæk og Bræk & Petri heil

Michael Zeman   Heiko Döbler
NorthGuiding.com   Nordguiding.de

INHALTSVERZEICHNIS

1. BIOLOGIE DER MEERFORELLE — 10

1.1 Lebenszyklus — 10
1.2 Begriffsbestimmungen — 14
1.3 Verbreitung & Lebensräume — 28

2. NAHRUNG — 31

2.1 Hering, Sandaal & Co. — 32
2.2 Seeringel- und Wattwürmer — 39
2.3 Garnelen / Mysiden — 46
2.4 Tangläufer — 50
2.5 Fluginsekten — 53

3. STRATEGIEKOMPONENTEN — 55

3.1 Jahreszeiten — 56
3.2 Wassertemperatur & Salzkonzentration — 73
3.3 Wetter, Strömung & Gezeiten — 77
3.4 Tageszeiten — 89
3.5 Typische Strandabschnitte — 91

4. STRATEGIEUMSETZUNG — 109

4.1 Im neuen Revier — 109
4.2 Platzwahl – Beobachten / Überlegen / Fangen — 112
4.3 Köderwahl & Präsentation — 117
4.4 Vertrauen entwickeln & effektiv Fischen — 123
4.5 Guiding — 125

5. GEZIELT AUF GROSSE FISCHE — 126

6. ANGELTECHNIKEN & AUSRÜSTUNG 131

6.1 Fliegenfischen 132
6.1.1 Ausrüstung 133
6.1.2 Präsentationstechniken 138

6.2 Spinnfischen 144
6.2.1 Ausrüstung 145
6.2.2 Präsentationstechniken 148

6.3 Fischen mit dem Spirulino 150
6.3.1 Ausrüstung 151
6.3.2 Präsentationstechniken 153

6.4 Der erfolgreiche Drill von Fischen 157

7. BEKLEIDUNG & ZUBEHÖR 163

7.1 Bekleidung 163
7.2 Zubehör 165
7.3 Was gehört in die Watjacke?! 166

8. TIPPS ZUM WATEN & SICHERHEIT 167

9. PHOTOGRAPHIEREN AN DER KÜSTE 173

10. DIE SCHÖNSTEN REVIERE IM OSTSEERAUM 183

11. SCHUTZZONEN, SCHONZEITEN & ANGELERLAUBNIS 191

1. BIOLOGIE DER MEERFORELLE

Die Meerforelle (Salmo trutta trutta) bildet in Europa mit der Bachforelle (Salmo trutta fario) und der Seeforelle (Salmo trutta lacustris) eine gemeinsame Salmonidenart. Aus der Ursprungsform der Meerforelle haben sich durch Veränderungen z.B. durch verschiedene Eiszeiten zwei weitere Standortformen durch ein Abschneiden vom ursprünglichen Lebensraum gebildet. Zum einen die Seeforelle, die in großen Binnenseen lebt und zum Laichen in Fließgewässer zieht. Und zum anderen die stationär lebende Bachforelle, die ihr ganzes Leben im gleichen Fließgewässer verbleibt.

Die Meerforellen in Patagonien, der Falklandinseln oder auch in Neuseeland haben sich alle aus Bachforellen entwickelt, die in den dortigen Flüssen von Engländern eingesetzt wurden. Aber auch aus Flusssystemen in Schleswig-Holstein ist bekannt, dass besetzte Bachforellenbrut in hohen Prozentsätzen „verschwunden" ist und nach knapp drei Jahren als Meerforellen zum Laichen „auftauchten", die aber nie besetzt wurden. Auch der umgekehrte Fall ist bekannt, dass aus Teilen des Meerforellenbesatzes (Smolts) sich standorttreue Bachforellen entwickelt haben. Der größte Teil des Besatzes entwickelt sich aber zu der typischen Meerforelle mit Ihrem Wandercharakter in die Ost- bzw. Nordsee.

Damit gehört die Meerforelle ebenso wie der Lachs zu den anadromen Wanderfischen, die im Meer leben und zum Laichen ins Süßwasser ziehen.

Und dieser Wandertrieb insbesondere in die Ostsee ermöglicht uns eine faszinierende Fischerei an der Küste aber auch im Fluss.

1.1 LEBENSZYKLUS

Meerforellen laichen typischerweise im Zeitraum von November bis Januar. Witterungsbedingungen, Wasserstände, Größe des Flusssystems und regionale Gegebenheiten können zu Abweichungen führen.

Die Meerforelle wandert in den Flusssystemen häufig bis in die kleinen Oberläufe und sogar in sehr kleine Nebenbäche, um das Laichgeschäft zu verrichten.

Zentrale Voraussetzung für Laichbereiche in den Flussläufen sind entsprechend ausgedehnte Kiesbetten. Die laichbereiten Fische sind meist schon deutlich früher als November im Fluss und eine längere Regenperiode mit erhöhten Wasserständen ist dann die Initialzündung, den letzten Abschnitt ihrer Wanderung in Angriff zu nehmen.

Häufig werden einzelne Abschnitte der Kiesbetten von großen Milchnern besetzt und gegen kleinere Milchner energisch verteidigt; zum Teil ziehen sie aber auch mit einem einzelnen Rogner mit. Der Rogner bereitet seitlich liegend und mit der Schwanzflosse schlagend eine Mulde im Kiesboden vor Das Weibchen legt nun einen Teil seiner Eier in die Mulde, die praktisch zeitgleich durch einen oder mehrere Milchner befruchtet werden. Der Rogner bedeckt dann mit erneuten Schwanzschlägen die Laichgrube mit Kies, so dass die bereits abgelegten Eier geschützt sind.

Pro Kilogramm Körpergewicht hat ein Rogner 1000 bis 2000 Eier, die in einer ganzen Reihe Mulden abgelaicht werden. Anders als beim Lachs liegt bei den Meerforellen die Überlebensrate bei 60 bis 70% nach dem Laichgeschäft.

Man kann davon ausgehen, dass Meerforellen durchaus drei bis vier Mal in ihrem Leben zum Laichen in den Fluss aufsteigen und zwar immer in den Fluss ihrer Geburt.

Wissenschaftler können anhand der Schuppen eines Fisches identifizieren, wie oft ein Fisch zum Laichen war und wie viele Jahre er im Salz- bzw. im Süßwasser verbracht hat.

Die befruchteten Eier ruhen in den Wintermonaten in den schützenden Kiesbetten, die ständig von hoffentlich sauerstoffreichem Wasser umspült werden. Gleichzeitig stellt die überdeckende Kiesschicht Schutz vor Laichräubern und übermäßiger Lichteinstrahlung dar, die den Laich sonst zum vorzeitigen Absterben bringen würden.

Die Wassertemperatur entscheidet darüber wie viele Tage es dauert bis die fertig entwickelten Larven schlüpfen. Nach ca. 410 Tagesgraden ist der Reifeprozess abgeschlossen. Liegt die Durchschnittstemperatur z.B. bei 4,1°C dann ist dieser Prozess nach etwa 100 Tagen beendet.

In der ersten Lebensphase verbleiben die Larven im Kiesbett bis ein Großteil des Dottersacks aufgebraucht ist und die Brütlinge in der Strömung im Stande sind, selbständig Nahrung aufzunehmen. Dieser Vorgang findet im April / Mai statt und für die kleine Meerforelle beginnt der Kampf um das Überleben. In den nächsten Wochen ist die Sterblichkeitsrate am höchsten. Wobei ein naturnaher Wasserlauf mit vielen Versteckmöglichkeiten sich spürbar positiv auswirkt. In naturnahen Wasserläufen ohne gravierende Eingriffe wie z.B. maschinelles Ausbaggern liegt die Überlebensquote bei 10 bis12 % ansonsten deutlich darunter. Auch beim Besatz von Wasserläufen durch Setzlinge wirken sich strukturreiche, natürliche Gewässersysteme deutlich positiv auf die Überlebensrate aus.

Im Herbst verlassen die kleinen Meerforellen die Laichgebiete und ziehen ein erstes Mal den Fluss hinunter, um ihrer Größe entsprechend bessere Standplätze und Flussabschnitte aufzusuchen.

Nach einem bis zwei Jahren beginnt die kleine Meerforelle, sich immer mehr silbern zu verfärben. Dieser Prozess wird **Smoltifikation** genannt. Bis dahin waren die Fischchen kaum von einer Bachforelle zu unterscheiden.

Im Frühjahr ab April / Mai beginnen die Meerforellen, die nun etwa 16 bis 20 Zentimeter messen und ein silbernes Schuppenkleid entwickeln, in das Meer zu ziehen. Das reichhaltige Nahrungsangebot in den Küstenbereichen führt dazu, dass die Meerforellen viel schneller abwachsen als vergleichsweise eine Bachforelle. Bereits im Herbst des gleichen Jahres erreichen die Meerforellen eine Größe von 35 bis 40 Zentimetern. Diese Fische sind in der Regel noch komplett unreif, so dass sie im anstehenden Spätherbst nicht am Laichgeschäft teilnehmen, auch wenn sie vereinzelt in die Flüsse ziehen.

Vor diesem Hintergrund haben viele verantwortungsbewusste Meerforellenangler ihr persönliches Schonmaß auf 45 Zentimeter festgelegt, um sicher zu gehen, dass der Fisch bei Entnahme zumindest ein Mal ablaichen konnte. Somit nehmen die ersten Fische eines Jahrgangs etwa 18 Monate nach dem Schlupf am Laichgeschäft teil. Viele von Ihnen überspringen allerdings diesen Zeitpunkt um ein Jahr und ziehen erst nach ihrem zweiten Jahr im Meer erstmals zum Laichen in die Flüsse.

Die größten aufsteigenden Meerforellen sind zwischen 80 und 100 Zentimetern und haben dann ein Lebensalter von etwa 8 Jahren erreicht.

In rauerem Umfeld norwegischer Flüsse oder auch in Großbritannien, sowie Irland können die oben genannten Eckwerte abweichen. In Norddeutschland, Dänemark und Südschweden verläuft der Lebenszyklus der Meerforelle in vergleichbarer Form.

© Heiko Döbler

1.2 BEGRIFFSBESTIMMUNGEN

Der Lebenszyklus und das Wanderverhalten der Meerforelle führen dazu, dass Meerforellen in unterschiedlichen Erscheinungsformen anzutreffen sind, die gerade für den Einsteiger nicht immer leicht einzuordnen sind.

PARR

Als Parr werden Jungfische (größer als 3cm) benannt, die dem Larvenstadium entwachsen sind und sich von den Smolts durch ihre charakteristische Zeichnung unterscheiden. Bei dieser Zeichnung handelt es sich um dunkle Streifen auf den Flanken.

© Heiko Döbler

SMOLT

Wie oben schon angesprochen, sind Smolts (größer als 15cm) unge Meerforellen, die den Fluss noch nicht verlassen haben. Sie sind mindestens ein Jahr alt und beginnen, das für die Meerforelle typisches silberne Schuppenkleid zu entwickeln.

GRÖNLÄNDER

Als Grönländer werden Meerforellen bezeichnet, die noch nicht geschlechtsreif sind bzw. noch nicht am Laichprozess teilgenommen haben.

Das Schuppenkleid ist meist blitzblank mit losen Schuppen, wobei sich auch diese Fische zu großen Teilen im Laufe des Sommers / Herbstes verfärben können.

Die Größe dieser Fische liegt typischerweise zwischen 35 bis 55 Zentimetern. Überwiegend sind Grönländer in kleinen Trupps (5 bis 10 Fische) oder auch als größere Schwärme (bis zu 40 Fischen) anzutreffen. Diese Fische halten sich meist küstennah auf und finden sich in den Wintermonaten gerne in Fjordbereichen und größeren Süßwassereinmündungen ein.

Gerade in Zeiten, wenn wir sehr kalte Winterwochen von Ende Dezember bis Ende Februar haben, ziehen Grönländer dann auch gern in die Flüsse.

Der Name Grönländer wurde übrigens an der dänischen Lindborg Au geprägt, als dort in den noch kalten Wintern viele kleine silberblanke Meerforellen hineinzogen. Sie erinnerten die dortigen Angler an die aus Grönland importierten und gesalzenen Forellen, die die Alborger Firma Schmidt für den dänischen Markt einführte. Diese Bezeichnung hat sich bis heute gehalten und wurde auch auf kleinere Küstenfische übertragen. Der Begriff der Grönländer hat sich ebenfalls im deutschen Sprachgebrauch etabliert.

AUFSTEIGER, FINNOCKS UND GEFÄRBTE FISCHE

Aufsteigende Meerforellen kann es praktisch zu jeder Jahreszeit geben.

Neben Grönländern finden sich auch große, blanke Fische in den Monaten Januar, Februar, März und z.T. im April ein, um den Fluss wieder im Laufe des Frühjahrs zu verlassen. Diese „unechten" Aufsteiger (Grönländer / Überspringer) sind aus vielen Flusssystemen bekannt. Die Anzahl ist aber eher überschaubar und die Hauptursache ist wohl, dass diese Fische dem zu dieser Zeit kälteren Meerwasser entweichen wollen. Klar ist auch, dass diese Fische die Nahrungsaufnahme nicht eingestellt haben.

Diese „Frühaufsteiger" verlassen den Fluss wieder, sobald die Wassertemperatur im Meer und damit das Futterangebot attraktiv genug geworden ist.

Der eigentliche Aufstieg beginnt etwas später und es lassen sich immer wieder zwei bis drei Wellen erkennen. Beim Aufstieg legen die Fische ohne weiteres eine Strecke von bis zu zwei Kilometern pro Stunde zurück.

1. MITTE APRIL BIS MITTE JUNI

In dieser Phase steigen nur wenige Fische auf. Das sind dann aber häufig die größten Fische. Zu diesem Zeitpunkt sind die Fische noch silberblank.
Nicht jedes Flusssystem gehört zu den frühen Systemen, die sich durch eine entsprechende Länge und sichere Standplätze auch bei Niedrigwasser auszeichnen.

2. MITTE JUNI BIS AUGUST

Normalerweise steigen die meisten größeren Fische im Juni und Juli auf und sind ebenfalls kaum verfärbt. Aber im wesentlich ist der Aufstieg durch den Sommerrun der kleineren Fische (55 bis 62 Zentimeter) geprägt, die überwiegend Erstlaicher sind.
Der August mit niedrigen Wasserständen verlangsamt den Aufstiegsvorgang und kann in diesem Monat z.T. komplett zum Erliegen kommen. Die bereits aufgestiegenen Fische verharren in den ausreichend tiefen Flussbereichen und verteidigen ihre Stellplätze gegen Artgenossen. Erst später mit neuen Aufsteigern und einer entsprechenden Unruhe, kommt dann wieder Bewegung in die Standfische, die dann auch weiter den Fluss hinaufziehen.
In die wasserreiche Flüsse, die in die Ostsee münden, ziehen in den Sommermonaten aber auch Fische, um hier die im Vergleich zur Ostsee / Fjordbereichen kühleren Wassertemperaturen des Flusses aufzusuchen. Zum Teil verlassen diese Fische den Fluss wieder, um erst später im Jahr dann tatsächlich zum Laichen aufzusteigen. Bekannt ist dies z.B. von der Vejle Au.
Aber auch in Flusssystemen, die in die Nordsee münden, werden regelmäßig kleinere Fressfische gefangen.

3. SEPTEMBER BIS NOVEMBER (Z.T. BIS DEZEMBER)

Mit den einzelnen Regenperioden und den damit erhöhten Wasserständen ziehen nochmals viele Herbstfische direkt aus dem Meer in den Fluss. Zu diesem Zeitpunkt sind die Fische deutlich verfärbt. Interessant ist, dass in vielen dänischen Auen und norddeutschen Flüssen kleinere, noch silberne Fische in den Sommermonaten gefangen werden, die dann aber beim herbstlichen Elektro-Fischen nicht mehr nachgewiesen werden können.

Das Elektro-Fischen dient insbesondere dazu, einige Fische zum Abstreifen zu entnehmen, um parallel zum natürlichen Laichprozess den Bestand durch künstliche Aufzucht abzusichern.

Die nicht mehr nachweisbaren, kleineren Fische haben vor Beginn der Laichzeit im November / Dezember den Fluss wieder verlassen. Geschlechtsunreife Fische, die im Jahresverlauf in den Fluss ziehen, werden im englischsprachigen Raum **Finnocks** genannt. Wir bezeichnen sie meist als Grönländer.

Für die jeweilige Au bzw. den Fluss hängt das Aufstiegsverhalten von drei wesentlichen Faktoren ab:

- Wasserstand / Niederschlagsmengen
- Regionale Gegebenheiten
- Größe / Länge des Flusssystems

Es gibt Flusssysteme, die auch in trockenen Perioden ausreichend Wasser führen das typische Aufstiegsverhalten besitzen. Andere Flüsse, die in die Nordsee münden, sind stark tidenabhängig und ermöglichen es den Fischen über die gesamte Aufstiegsperiode, zumindest in den tidengeprägten Teil des Flusses hinein zu wandern. Regenreiche Sommer und damit stabilere Wasserstände begünstigen einen langen Aufstiegszeitraum.

Auf Bornholm z.B. sind die meisten Auen bis in den September durch sehr niedrige Wasserstände und extreme Flachwasserbereiche im Mündungsbereich geprägt. Hier steigen nahezu alle Fische erst im Oktober / November auf, wenn viel Regen die Auen gefüllt hat und auch der Wasserstand der Ostsee ausreichend ist, so dass die Fische den Strandbereich überwinden können. Der Laichprozess beginnt unmittelbar nach dem kurzen Aufstieg, so dass die meisten Fische bereits im Januar die Auen wieder verlassen haben.

© Preben Kristensen

Scheinbar scheinen sich alle Experten einig zu sein, dass aufsteigende Meerforellen, die am Laichprozess teilnehmen, ihre Nahrungsaufnahme spätestens im Fluss einstellen. In dem Buch zur Fluss-Strategie beleuchten wir diesen Aspekt detaillierter und stellen ihn in Frage. In der letzten Phase im Meer wird die Nahrungsaufnahme aber schon reduziert und viele Fische nehmen den Blinker oder die Fliege nur noch aus einem Reflex oder aus der im Laichzeitraum typischen Aggressivität heraus.

© Heiko Dobler

Die typische Laichverfärbung und die Entwicklung des Laichhakens beim Milchner finden also zum Teil im Meer statt. Das sind Fische, die eher spät aufsteigen werden und sich noch in der Ostsee fangen lassen. Eine erste Verfärbung der Fische lässt sich bereits ab dem Frühsommer beobachten.

Früh aufgestiegene Fische erreichen den Fluss noch als silberblanke Fische und die Verfärbung entwickelt sich über den Sommer dann erst im Fluss.

Im Spätsommer und Herbst werden häufig recht kleine Meerforellen (30 bis 40cm) gefangen, die deutlich verfärbt sind, obwohl sie offensichtlich noch nicht geschlechtsreif sind.

Diese Fische befinden sich in einer „vorpubertären" Phase, wobei sich im Jahresrhythmus bereits der herbstliche Drang in einer Verfärbung niederschlägt. Aber von der Gesamtgröße bzw. der Entwicklungsreife sind diese Fische noch nicht fähig, am Laichprozess teilzunehmen. Die Erkenntnisse beim E-Fischen bestätigen dies Jahr für Jahr, da Fische erst mit einer Länge ab Ende der 50 bzw. Anfang der 60 Zentimeter nachgewiesen werden.

In den Wintermonaten kann man auch auf eine andere Art von angefärbten Fischen treffen. Nicht alle im Freiwasser der Ostsee ausgesetzten Fische wissen wie ihnen geschieht. Diese Zuchtfische werden als Smolts in einem Tank an die Küste verfrachtet und ausgesetzt. Diese Meerforellen verwandeln sich auf Grund von Geschlechtshormonen ein Jahr später zu farbigen Meerforellen. Aber sie wissen einfach nicht, dass in einem Bachlauf "die Party steigt." Diese verwirrten Fische werden an der Küste häufig angetroffen. Die Forellen stehen unter dem Einfluss ihrer Hormone und können ihren Fortpflanzungsdrang nicht umsetzen. Gleichzeitig stoppen sie jedoch die Nahrungsaufnahme. Viele von ihnen gehen sicher durch Entkräftung und eine Art „Verzweiflung" ein. Im Grunde ist dies eine traurige Fehlentwicklung.

ABSTEIGER / KELTS

Sobald die Meerforellen das anstrengende Laichgeschäft abgeschlossen haben, bezeichnet man die Fische als **Absteiger oder Kelts**.

Zu diesem Zeitpunkt haben die Fische ohne weiteres 30% oder mehr ihres Gewichts verloren.

Die Fische verbleiben noch bis zu 4 Monaten im Fluss. Der genaue Zeitraum hängt davon ab, wie hart oder mild der Winter verläuft, wie sich Wasserstände entwickeln und über welches Flusssystem wir sprechen.

Die absteigenden Meerforellen sind zum Teil noch deutlich verfärbt, wenn Sie das Meer wieder erreichen. Andere Fische haben bereits im Fluss ihr silbernes Schuppenkleid wieder erlangt. Das „Healing", also der Heilungs- und Entwicklungsprozess zum normalen Schuppenkleid findet im Zeitraum zwischen Februar und April statt. Bei Fischen, die nach dem Laichen noch länger im Fluss bleiben, setzt dieser Vorgang vor dem Zurückwandern ins Meer ein.

Ob im Fluss oder im Meer lassen sich Absteiger an verschiedenen Merkmalen gut erkennen, wobei nicht alle Merkmale gleichzeitig vorhanden sein müssen.

Die Fische sind durch das anstrengende Laichgeschehen im Fluss ausgemergelt und schlank.

Der Körper bildet keine ovale Form, sondern Bauch und Rücken zeigen sich in einer geraden Linie zum Kopf, ohne dass diese die Kopfhöhe überschreiten.

Der Kopf erscheint zum Körper unpassend und groß. Oft zieht sich noch eine ausgeprägte Schwarzfärbung von der Oberseite des Kopfes, bis tief unter die Augen (die sogenannte Keltmütze).

Ein gut konditionierter Fisch besitzt im Gesamtverhältnis einen kleinen Kopf mit einem ovalen Körper, so dass Bauch und Rücken deutlich über den Kopf ragen.

Beim Milchner zeigt sich noch sehr lange Zeit der Ansatz des Laichhakens.

Das Überwinden von Flusshindernissen, Schlagen der Laichgruben und Revierkämpfe unter den Meerforellen, hinterlassen zum Teil schwere Schäden an den Flossen, insbesondere im unteren Bereich der Schwanzflosse.

Bauch- und Afterflossen sind beim Kelt meist noch deutlich getrübt, während der echte Blankfisch sich hier mit transparenten Flossen zeigt (ein sehr schönes Erkennungsmerkmal).

Das Schuppenkleid ist in der Regel noch fest und Einzelschuppen lösen sich kaum. So stattet die Natur unsere Meerforellen für den oft beschwerlichen Aufstieg aus und macht sie robust und unempfindlich für das Laichgeschehen.

Auch finden sich häufig noch Schlagstellen an den Flanken der Fische. Verpilzungen heilen im Salzwasser sehr schnell wieder ab, aber die Narben sind meist noch klar zu erkennen.

Je größer eine Meerforelle ist, umso länger dauert die Regenerationsphase. Für Fische, die beim Aufstieg sechs und mehr Kilogramm gewogen haben, bedeutet dann ein Gewichtsverlust von zwei und mehr Kilogramm eine gewaltige Belastung. Um die alte Kondition wieder erlangen zu können und um erneut erfolgreich Laichanlagen ausbilden zu können, werden Fische dieser Größe ein ganzes Jahr benötigen. Das heißt, dass diese Fische den folgenden Winter als Überspringer verbringen werden.

Ab Januar / Februar sammeln sich vor den größeren Flussmündungen häufig große Keltschwärme oder ziehen die Küste auf Nahrungssuche entlang.

Erst im April / Mai kommen die Fische durch das dann reichhaltigere Futtervorkommen wieder einigermaßen zu Kräften, wobei ein Absteigerfisch bis zum Sommer noch gut erkennbar ist, wenn der Blick geschärft ist.

Bis April stürzen sich die Absteiger häufig auf alles, bevor sie wieder selektiver werden. Bis dahin kann man sie auch mit einem Stück Plastikfetzen am Haken „überlisten". Fischereilich ist die Keltfischerei eher uninteressant, da die Fische kaum Kampfkraft besitzen und nur bohrend ihr „Gewicht" in die Waagschale werfen können. Vor April / Mai verspricht der ausgemergelte Fisch auch kulinarisch nur eingeschränkte Freuden.

Die aber immer noch häufig betriebene Keltfischerei nach Ende der Schonzeit führt dazu, dass die Altersstruktur eines Meerforellenstamms nachhaltig außer Balance gerät. Nachweislich hat die Keltfischerei bei kleineren Flusssystemen dazu geführt, dass ganze Bestände ausgerottet wurden und kein Aufstieg mehr nachweisbar ist.

BLANKFISCHE

Blankfische sind geschlechtsreife Fische, ansonsten sprechen wir vom Grönländer, die deutlich über 50 Zentimeter lang sind. Tiere in bester Kondition, mit heilen Flossen und wohlgeformten Proportionen sind im Frühjahr eindeutig Überspringer.

ÜBERSPRINGER

Überspringer haben eine oder mehrere Laichperiode ausgelassen und es scheint plausibel, dass die Natur diesen Vorgang auch als Genreserve eingebaut hat, falls durch ungewöhnliche Witterungsverhältnisse bzw. Krankheit ein Laichjahrgang größtenteils verenden sollte. So stehen ausreichend Fische im darauf folgenden Herbst zur Verfügung, um erneut den Fortbestand zu sichern.

HERINGSFRESSER

Heringsfresser sind überwiegend sehr große Fische, die zum Fressen nahezu ausschließlich den Herings- und Brislingschwärmen folgen und dabei ein erhebliches Körpergewicht erlangen.

Ein Heringsfresser, der im Meer gefangen wird, ist überwiegend silberblank, kann aber bereits mit diesem Schuppenkleid zu den früh aufsteigenden Fischen gehören.

Diese beiden Ausprägungsformen der Meerforelle zu fangen, ist natürlich das Ziel eines jeden Meerforellenfischers an der Küste. Wobei es natürlich ehrlich gesagt, schon äußerst schwierig ist, einen der ganz großen Heringsfresser beim Küstenfischen zu erwischen. Leichter ist es, beim Lachstrolling auch die ein oder andere große Meerforelle zu erwischen.

FJORDFORELLEN / GARNELENFRESSER

In Dänemark ist die Bezeichnung Fjordforelle seit langem ein fest stehender Begriff. Von Fjordforellen sprechen die Dänen, wenn die Fische sich nicht weit vom Flusssystem entfernen und das Jahr im vorgelagerten Fjord verbringen. Hierbei handelt es sich um Fische, die eine Größe von deutlich unter 60 Zentimeter (bis max. 2Kg) besitzen und das ganze Jahr über eine eher goldene Färbung mit schwarzen, manchmal sogar roten Punkten besitzen. Als Beispiele werden der Horsens Fjord, Vejle Fjord, Marianger Fjord und auch der Odensen Fjord genannt, wo sich die eher standorttreue Fjordforelle finden lässt. Werden die Fische größer, stellen sie ihre Nahrung immer mehr auf Hering, Briesling & Co. um und ziehen ins offene Meer (Heringsfresser).

Die vierteilige dänische DVD-Serie über das Meerforellenfischen hat eine weitere Ausprägungsform ins Spiel gebracht:

Als Garnelenfresser lassen sich hier nach Meerforellen identifizieren, die unabhängig von der restlichen Färbung des Schuppenkleids am Bauch deutlich erkennbare gelbe Streifen besitzen, die wohl hauptsächliche auf die Ernährung von Garnelen zurückzuführen sein soll.

Beide Begriffe wollen wir hier nicht ganz unkritisch übernehmen.

Dass die Kinderstube der Meerforellen, die aus den Flüssen abgewandert sind, sich immer küstennah aufhalten, ist Fakt. Das heißt aber auch, dass Flüsse, die in die genannten großen Fjorde münden, immer auch einen guten Bestand an abwandernden, jungen Meerforellen besitzen. Diese Fische finden bereits im Fjord hervorragende Lebens- und Nahrungsbedingungen und ziehen deshalb überwiegend nicht weiter an die offenen Küsten.

Es sollte aber vorsichtig mit der Theorie umgegangen werden, dass „Fjordforellen" generell eine Verfärbung aufweisen. Denn auch „Fjordforellen" besitzen im Winter / Frühjahr ein silbernes Schuppenkleid. Und umgekehrt zeigen Meerforellen an der offenen Küste ein verfärbtes Schuppenkleid, wenn es auf die Laichzeit zugeht, obwohl sie weder aufsteigen werden, noch geschlechtsreif sind. Dieser Vorgang wird im Jahresverlauf schlichtweg hormonell ausgelöst und gesteuert.

DEUTSCH	DÄNISCH	SCHWEDISCH
Meerforelle	Havørred	Havsöring
Grönländer	Grønlændere	Blänkare
Heringsfresser	Sildeædere	Sillåtare
Blankfisch / Überspringer	Blanke fisk / Overspringere	Blänkare
Gefärbter Fisch	Farvede fisk	Färgat Fisk
Aufsteiger	Opgænger	Nystigen Fisk / Uppgångsfisk
Absteiger / Kelt	Nedgænger / Nedfaldsfisk	Utlekt Fisk

1.3 VERBREITUNG & LEBENSRÄUME

Das natürliche Vorkommen der Meerforelle erstreckt sich über große Teile von Europa.

Neben der Ost- und Nordsee erstreckt sich der Lebensraum über die gesamte norwegische Atlantikküste hinauf und umfasst auch das Weiße Meer, sowie die Cheshkaya Bay im Norden Russlands. Der westliche Verbreitungsraum umfasst Island und Faröer.

Die britischen Inseln und Irland stellen einen weiteren wichtigen

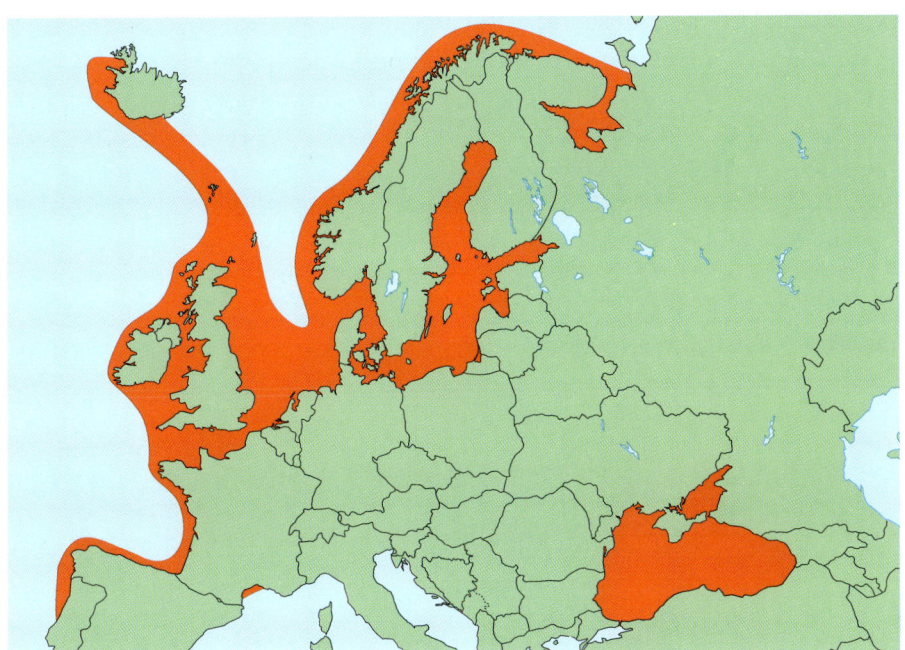

Lebensraum für die Meerforelle dar. Hier hat die Meerforellenfischerei ebenfalls eine sehr lange und gute Tradition.

Nach Süden erstreckt sich die Verbreitung bei deutlich geringeren Bestandsdichten entlang der Atlantikküste bis in den Norden Portugals. Während der letzten Eiszeit, als der mediterrane Raum deutlich kühler war, gab es auch dort Meerforellen. Als Relikt aus dieser Zeit lassen sich bis heute Meerforellen im Schwarzen Meer, dem Aral See und dem Kaspischen Meer nachweisen.

Anders als beim Atlantische Lachs hat es an der Atlantikküste Nordamerikas ursprünglich keine Meerforellenvorkommen gegeben. Erst durch den Besatz von Brown Trouts haben sich auch dort z.T. Meerforellenvorkommen entwickelt.

Die Bachforelle / Brown Trout wurde in der Vergangenheit durch die Engländer in vielen Regionen der Welt ausgesetzt.

In einigen Ländern fanden sich Rahmenbedingungen, die ideal für Meerforellen waren, so dass sich diese als so genannte Sea Run Brown Trouts entwickelt haben. So kann man heute bedeutende Vorkommen an Meerforellen in Argentinien / Patagonien, den Falkland Inseln, Neuseeland und Tasmanien finden.

2. NAHRUNG

Um eine schöne Meerforelle zu überlisten, ist die kenntnisreiche Auswahl des passenden Köders hilfreich. Dazu gehört ein grundlegendes Verständnis für Nahrung und Fressverhalten unseres Zielfisches. Dieses Wissen ist nicht nur für den Fliegenfischer, der hier ein weites Spektrum für Fliegenmuster entwickeln kann, sondern ebenso für den Spinnfischer von Interesse.

Das Verständnis für das Nahrungsspektrum, sowie dessen Vorkommen und Verhalten, kann in vielen Situationen zu einer erfolgreicheren Fischerei führen.

Die Nahrungspalette der Meerforellen im Meer ist sehr breit gefächert und den größten Teil des Jahres über auch reichhaltig vorhanden.

Dieser Nahrungsreichtum macht es möglich, dass die Meerforelle schneller abwächst und deutlich größer wird als die Bachforelle.

Hierbei kann das Nahrungsangebot durchaus unterschiedlich sein. In der Nord- und Ostsee ist das Angebot viel größer als z.B. an der norwegischen Atlantikküste. Das erklärt auch, dass die norwegische Meerforelle im Durchschnitt deutlich kleiner ist als die Forelle der Ostsee. Es liegt allein am unterschiedlichen Angebot an erreichbarem Futtergetier und nicht etwa aufgrund von genetischen Unterschieden. Grundsätzlich ist die Meerforelle dabei nicht wählerisch und sie kann sich schnell auf ein vorhandenes und sich veränderndes Nahrungsangebot einstellen.

Die erwartete und bekannte Nahrung besteht vorwiegend aus:

- Fisch (Hering, Sandaal, Sprotten, Stichlinge, Grundeln u.s.w.)
- Seeringel- und Wattwürmern
- Garnelen / Mysiden
- Tangläufern

Aber es lässt sich im Magen von Meerforellen auch eher unerwartete Nahrung finden:

- Tintenfisch, der bei widrigen Strömungsverhältnissen aus dem Skagerrak ins Kattegat und bis in die westliche Ostsee gedrückt werden kann
- Bis zu 35cm lange Aalmuttern sowie Frösche und Muscheln
- Land-/Fluginsekten

Auch wenn die Meerforelle auf ein breites Nahrungsspektrum eingestellt ist, kann es Situationen geben, in denen die Fische auf bestimmte Futtertiere fixiert sind und auf ein anderes Nahrungsangebot kaum ansprechen.

In der Regel geschieht dies, wenn z.B. Seeringelwürmer oder Tangläufer in der Nahrungskette dominieren und alternatives Futtergetier kaum vorkommt. Kann der Angler sich hierauf aktiv einstellen, so wird dies den Fangerfolg entscheidend beeinflussen.

Damit ist nicht gesagt, dass in einer Situation, in der die Meerforelle z.B. auf Tangläufer (wie zeitweise in Südschweden) fixiert ist, mit anderen Ködern, die z.B. einen Sandaal imitieren, nichts fängt. Aber es wird deutlich schwieriger werden, als wenn man auf das richtige Muster gesetzt hätte.

Es ist also wichtig, beurteilen zu können, welches Nahrungsangebot in dem Gebiet dominiert, das man befischen möchte. Dazu kommt, dass dies naturgemäß auch von der Jahreszeit und durchaus auch kurzfristig von Wetter- und Strömungsverhältnissen abhängig sein kann.

Im nachfolgenden stellen wir die wichtigsten Gruppen an Futtertieren vor, wobei Fluginsekten eine Ausnahmesituation im Jahresverlauf darstellen.

Aus diesen Gruppen lassen sich auch sehr einfach die typischen Gruppenmuster für die spätere Köderwahl ableiten.

2.1 HERING, SANDAAL & CO.

Kleinere Fische sind eine zentrale Nahrungsquelle, nicht zuletzt auch für die besonders großen Meerforellen.

Diese Nahrungsgruppe umfasst folgende Arten, die den größten Anteil ausmachen:

- Grundeln
- Stichlinge
- Sandaal / Tobiasfisch
- Hering / Sprotte

Darüber hinaus gehört auch die Brut von anderen Fischen wie z.B. von Plattfischen, Hornhechten oder auch Aalmuttern zum Nahrungsspektrum der Meerforelle.

GRUNDELN

Grundeln sind in ihrer Form mit einem großen Kopf und den großen Brustflossen wirkliche Charakterfische.

In der Ostsee finden sich ca. 10 Arten. Am häufigsten lassen sich die Sand-, Strand- und Schwarzgrundeln finden.

Die Farbe der verschiedenen Arten variiert, von der sehr dunklen Schwarzgrundel, über rot-braune bis hin zu grauen und sandfarbenen Arten.

Die Grundeln leben bis auf die Schwimmgrundel bodennah und bevorzugen je nach Art eher steinigen Grund mit Tangfeldern oder auch sandigen Grund. Grundeln laichen im Sommer, das Männchen bewacht den Laich bis nach gut 14 Tagen der Nachwuchs schlüpft. In dieser Phase ist die Grundel eine besonders leichte Beute für die Meerforelle, da das Männchen bei der Verteidigung des Laichs in der Regel die Deckung verlässt. Allerdings können sich Grundeln blitzschnell im Sand eingraben, wenn Gefahr droht. Ansonsten bewegen sich die Grundeln eher behäbig in kleinen Hüpfern.

© Sven Gust

Insbesondere im Herbst, wenn der Bestand der Grundeln im Jahresverlauf am höchsten ist, lässt sich dies beobachten. Wer genau hinschaut, kann dann auf einem Quadratmeter bis zu zehn Fischchen entdecken.

In den Fjordbereichen stellt die Grundel auch gerade im Winter eine wichtige Nahrungsmöglichkeit für die Meerforelle dar.
In salzhaltigen Bereichen der offenen Küsten leben überwiegend die Sandgrundel, Fleckengrundel und die Schwimmgrundel. Im Brackwasserbereich lassen sich eher die Strand- und Schwarzgrundel finden.

Bis auf die Schwarzgrundel, die bis zu 20 Zentimeter lang wird, werden die meisten Arten 5 bis 10 Zentimeter lang.

© Sven-Gust

STICHLINGE

Entlang unserer Küsten ist der Dreistachlige Stichling recht häufig zu finden.

Insbesondere in den brackigen Bereichen finden sich die Stichlinge z.T. in großer Anzahl, so dass der Beuteanteil der Meerforelle dann ohne weiteres bis zu 30% aus Stichlingen besteht. Insbesondere in Bereichen großen Süßwasserzulaufs lässt sich dies beobachten.

Der Stichling hält sich häufig in Ufernähe und gern in Tangwäldern oder Seegraswiesen auf. Große Schwärme trauen sich auch mal ins Freiwasser.

SANDAAL / TOBIASFISCH

Neben dem großen Sandaal (bis 30 Zentimeter) gibt es auch den kleinen Sandaal (bis 20 Zentimeter), der häufiger vorkommt.
Die Fische sind olivgrün-silbrig gefärbt und haben einen weißen Bauch.

Beide Arten schwimmen gemeinsam in oft großen Schwärmen im Freiwasser, im Sommer gerne in Küstennähe. Sandige und küstennahe Gründe sagen den Sandaalen am meisten zu, nicht zuletzt weil sie bei Gefahr in der Lage sind, sich blitzschnell im lockeren Sand einzugraben. Aus diesem Grund nennen ihn die Dänen auch „Sandgrævling" – Sandgräber.
Bei trübem Wetter und vor allem bei trübem Wasser, also nach Stürmen, sind die Sandaale besonders aktiv im Küstenbereich unterwegs.
Gerne suchen sie auch strömungsreiches Wasser auf, da hier die Chance für tierisches Plankton als Nahrung hoch ist.

Der Sandaal vergräbt sich im späten Herbst im tiefen Wasser im Sand und hält eine Art Winterruhe. Wenn der Sandaal im Frühjahr wieder auftaucht, dann ist er im März / April eine wichtige Beute für die hungrigen Meerforellen. Im Brackwasser halten sich keine Sandaale auf.

HERING / SPROTTE

Der heutige Bestand an Heringen und Sprotten ist im Vergleich zu vor 50 Jahren stark geschrumpft. Trotzdem sind im Ostseeraum Hering und Sprotte weiterhin ein wichtiger Teil der Nahrung von Meerforellen.

Der Hering wie auch die Sprotte ziehen in großen Schwärmen und ernähren sich von Plankton und gehören damit zu den so genanten pelagischen Fischen.
Der Hering, der bis zu 24 Zentimeter (im Schnitt knapp 15 Zentimer) lang wird, hat einen blaugrauen bis grünlichen Rücken; die Seiten sind hell und perlmuttfarben, die Bauchseite ist silberglänzend.

Im Gegensatz zur kleineren Sprotte (bis zu 17 Zentimetern, aber überwiegend um die 10 cm lang), mit der der Hering leicht verwechselt wird, hat der Hering nicht besonders hart gekielte Schuppen auf der unteren Bauchseite.

An der Ostseeküste unterscheidet man Frühjahrs- und Herbstlaicher. Die Frühjahrslaicher beginnen im März in die brackigen Teile der Förden und Flussmündungen aufzusteigen, um zu laichen. Die Herbstlaicher laichen dagegen über sandigen und kiesigen Gründen der offenen See. Dieser Heringsstamm ist besonders vom Bestandsrückgang betroffen. Früher wurden mehr Herbstheringe kommerziell gefangen als im Frühjahr. Heute ist es umgekehrt.

Die Sprotte laicht im April / Mai in Tiefenbereichen von 10 bis 20 Metern. Die Sprotte verträgt besser brackiges Wasser als der Hering. Bei beiden Arten kommt es regelmäßig vor, dass auch große Schwärme bis dicht unter Land ziehen und dies nicht nur im Frühjahr. Ob Meerforellen sich ganz auf Hering und Sprotte spezialisiert haben und den Schwärmen durch die Ostsee folgen, erkennt man leicht am blasseren Fleisch. Denn nur Forellen, die sich im Küstenbereich aufhalten und überwiegend von Krebstierchen ernähren, haben das typisch rote Fleisch.

2.2 SEERINGEL- UND WATTWÜRMER

Bei dem Stichwort Seeringelwürmer werden viele an das so genannte Schwärmen der Seeringelwürmer zur Paarungszeit im Frühjahr denken.

Jedes Frühjahr stellt sich erneut die Frage, wann und wo schwärmen die Seeringelwürmer, um dann den legendären Fressrausch der Meerforellen zu erleben. Dies ist aber nur ein Aspekt, wenn wir uns näher mit dem Seeringel- oder auch Borstenwurm genannten Tierchen befassen wollen.

Die Borstenwürmer unterteilen sich in zwei grundlegende Gruppen:

>   a) Seeringelwürmer (Nereiden)
>   b) Wattwürmer

DIE SEERINGELWÜRMER

In der Ostsee sind gut 15 verschiedene Arten bekannt, wobei vier Arten für die Meerforelle von Bedeutung sind, die sich aber z.T. durch ihr Verhalten und Lebensräume unterscheiden:

- Nereis diversicolor
- Nereis pelagica
- Nereis succinea
- Nereis virens

Gemeinsam ist den Seeringelwürmern ein kräftiges Gebiss, mit dem sie kleinere Würmer und Getier fangen. Ein weiterer Teil der Nahrung besteht aus totem Pflanzenmaterial.

Das Vorkommen beschränkt sich nicht allein auf die salzwasserreiche Küstenlinie, sondern die Seeringelwürmer lassen sich auch in Brackwasserregionen in dichten Populationen finden. Überwiegend lassen sich Seeringelwürmer in Bereichen mit weichem Untergrund (Gemisch aus Sand, Schlick und Lehm) finden. Hier leben sie in Röhren, die sie nachts verlassen, um im direkten Umfeld nach Nahrung zu suchen. Bleibt das Wasser ruhig, so können Sie tagsüber die Spuren am Meeresboden identifizieren.

Das so genannte Schwärmen der Seeringelwürmer zur Paarungszeit lässt sich, anders als vielleicht erwartet, nicht verallgemeinern.

Neben dem bekannten Zeitraum im Frühjahr (März / April), in dem mehrere Wurmarten tatsächlich in großen Mengen auftauchen, um sich an der Oberfläche zu paaren, gibt es auch abweichendes Verhalten.

Die Nereis succinea paart sich im Sommer und die Nereis diversicolor paart sich eher zufällig über das ganze Jahr hinweg.

Erlebt man das Schwärmen der Würmer, kann man mit etwas Glück eine unglaubliche Fischerei erleben. Überlisten lässt sich die Meerforelle dann allerdings nur mit einem entsprechenden Ködermuster. In dieser Phase ist die Meerforelle extrem auf eine einzige Nahrungsquelle fixiert und eingestellt.

Das Schwärmen der Seeringelwürmer ist schwer vorhersehbar. Identikatoren können aber jagende Möwenschwärme, erhöhte Anzahl toter Würmer am Strand oder an erkennbar jagende Meerforellentrupps sein. Die Wurmhochzeit lässt sich eher in den Förden und in flacheren Buchten als an der offenen Küste mit tieferem Wasser beobachten. Typischerweise liegt dann die Wassertemperatur bei 8 – 10°C.

Unbekannter ist es, dass der Seeringelwurm für die Meerforelle auch im restlichen Jahresverlauf eine durchaus wichtige Nahrungsgrundlage darstellt. Aufgrund seiner Beschaffenheit wird er im Magen der Meerforelle sehr schnell verdaut und ist dort nur nach reichlicher Mahlzeit nachweisbar.

Überall dort, wo der Seeringelwurm lokal verstärkt vorkommt, hat er eine wichtige Bedeutung auf dem Speiseplan der Meerforelle. Und dies nicht nur zeitlich begrenzt auf ein paar Tage im Frühjahr .

Zum einen gibt es eine Reihe an Würmern, die nachts ihre Höhle verlassen, umherstreifen und dabei auch im Freiwasser schwimmen. Zum anderen lassen sich immer wieder auch Massenwanderungen von Seeringelwürmern beobachten (häufig Ende November). Aber auch ungewöhnliche Strömungsverhältnisse und starker Wellengang können dazu führen, dass größere Mengen an Seeringelwürmern in Bewegung kommen, da sie frei gespült werden und sich nun nach neuen Wohnungen umschauen müssen.

Der dänische Autor Thomas Vinge hat viele Erkenntnisse über die vier wichtigsten Seeringelwurmarten beschrieben, die in der nachfolgenden Tabelle zusammengefasst sind:

	NEREIS DIVERSICOLOR	NEREIS PELAGICA
Aussehen	gelblich / rot-braun, zur Paarungszeit grünlich	hellbraun/orange bis hellgrün
Größe	6 bis 8cm (max. 10cm)	10 bis 15cm (max. 20cm)
Lebensraum	Brackwasserbereich und offene Küste, insbes. in langen Buchten und Fjorden. Auf Sand-, Kies- und Schlammböden, in Muschelbänken.	Brackwasser- wie auch Salzwasserbereiche, auf Kies- und Steingrund, in Muschelbänken.
Paarungszeit	Februar bis November, Schwerpunkt im März/April	März / April
Besonderheiten	Verlassen ihre Löcher zur Nahrungssuche. Paarung in Röhren, das Weibchen schwimmt auf der Suche nach Partner umher.	Nahrungssuche im engsten Umkreis der Wohnröhre.

	NEREIS SUCCINEA	NEREIS VIRENS
Aussehen	blass/grau oder grün-braun	grün/blau mit orange-rot
Größe	5 bis 7cm (max. 13cm)	15 bis 25 cm (max. 90cm)
Lebensraum	Sand-, Schlick- und Kiesböden, Muschelbänke, viel in Flachwasser-bereichen.	Brackwasserbereiche als auch offene Küste, auf Sand- und Kiesböden, auf Muschelbänken und Seegraswiesen.
Paarungszeit	Juni bis August	März / April
Besonderheiten	Sehr empfindlich gegen Kälte (hohe Sterblichkeitsrate in strengen Wintern). Tiere sterben nach der Paarung ab. Sehr gute Schwimmer (fast fischähnlich).	Verlässt die Wohnröhre um aktiv zu jagen. Am häufigsten in Bereichen mit höherem Salzgehalt als andere Würmer. Tiere sterben nach der Paarung ab.

DER WATTWURM

Immer wieder hört man, dass beim Brandungsangeln Meerforellen gefangen werden und zwar auf Wattwurm.

Auch der Wattwurm gehört in das aktive Nahrungsspektrum der Meerforelle und stellt keinesfalls eine Ausnahme dar.

Auch wenn der 10 bis 20 cm lange Wattwurm überwiegend in seiner Röhre lebt und durch die verräterischen Sandkringel leicht gefunden werden kann, findet sich der Wattwurm auch im Freiwasser bzw. außerhalb seiner Röhre. Dabei ist der Wattwurm sogar in der Lage zu schwimmen und zwar mit dem Hinterteil nach vorne.

Der Wattwurm bevölkert in unvorstellbaren Mengen die Wattgebiete der Nordsee, ist aber ebenso in der Ostsee anzutreffen. Allerdings ist hier sein Vorkommen etwas geringer. Der Lebensraum erfordert größere Flächen von Sand, Ton und Schlick.

Wann und warum Wattwürmer ihre Wohnröhren verlassen, ist bisher nicht vollständig geklärt.

Dänische Untersuchungen des Mageninhalts von Meerforellen haben gezeigt, dass in den Monaten von Mitte März bis Ende Juli der Wattwurmanteil bis zu 20% ausmachen kann, wobei ein Schwerpunkt im Mai festgestellt wurde.

Zwei Situationen können dazu führen, dass Wattwürmer außerhalb ihrer Wohnhöhle angetroffen werden:

In sehr kalten Perioden (Januar / Februar) kann es passieren, dass die Wattwürmer aus flachen Bereichen vor der Kälte in tieferes Wasser fliehen. Dies konnte z.B auch in dem sehr kalten Januar 2010 in einigen Förden beobachtet werden.

Bei stark auflandigen Winden mit einer entsprechenden Brandung werden häufig Wattwürmer in starker Konzentration freigespült. Gefangene Meerforellen haben hier oft Mägen voller Wattwürmer. Die Meerforellen sind auch noch direkt nach dem Abflauen des Sturmes auf der Suche nach Wattwürmern und kommen bis kurz unter Land, so dass hier direkt vom Strand aus gefischt werden sollte.

Anders als die Seeringelwürmer verlassen die Wattwürmer in der Paarungszeit, die im Oktober / November liegt, nicht ihre Röhre und stellen in dieser Situation keine erreichbare Beute für die Meerforelle dar.

2.3 GARNELEN / MYSIDEN

Eine weitere wichtige Nahrungsgruppe der Meerforellen stellen die Garnelen und Mysiden dar.

MYSIDEN

Bei Mysiden handelt es sich um 2 bis 3 cm lange Krebstierchen, von denen es mehr als 20 Arten gibt. Mysiden sind alle leicht transparent, können aber unterschiedliche Farbschattierungen haben. Je nach dem in welcher Umgebung sie sich aufhalten, kann die Farbe von farblos / hellgelb bei Sandboden, grünlich bei Seegras bis hin zu Brauntönen bei Tangwäldern sein.

Ähnlich wie Garnelen können auch Mysiden sich kurzzeitig blitzschnell bewegen, in dem sie mit dem Schwanz unter den Körper schlagen. Meist treten Mysiden in großen Schwärmen auf. Dies lässt sich gerade im Frühjahr gut beobachten, wenn die erste längere Phase mit viel Sonne und erwärmten Wassertemperaturen besteht.

© Sven Gust

Auch im Spätsommer finden sich wieder große Schwärme, die dann in Kürze in ihr Winterquartier, nämlich ins tiefere Wasser ziehen. Die Meerforelle schwimmt gezielt in die Schwärme hinein, um eine entsprechende Anzahl der recht kleinen Mysiden auf einmal zu erbeuten. Wie dänische Taucher vor Djursland beobachten konnten, sind das auch schon einmal Meerforellen in der drei und vier Kiloklasse.

GARNELEN

Garnelen, von denen es ebenfalls mehrere Arten gibt, gehören sicherlich zur Lieblingsbeute der Meerforellen.

Die Sandgarnele wird immerhin 5 bis 6 cm lang und bevorzugt als Lebensraum große Sandflächen. Wer schon mal versucht hat, eine Garnele mit der Hand zu greifen, weiß wie blitzschnell sich eine Garnele fortbewegen kann.

Bei Gefahr schießt sie mit kräftigen Schlägen des Schwanzes nach hinten. Die schnellen und unregelmäßigen Bewegungen können in alle Richtungen gehen. Die Garnele springt im Zick-Zack nach hinten, oben und unten, um ihrem Angreifer möglichst zu entkommen.

Darüber hinaus ist sie sehr gut getarnt und mit einer gräulichen / olivgrünen und leicht transparenten Färbung schwer zu entdecken.

Den größten Teil des Jahres findet man die Sandgarnele im flacheren Wasser des Küsten- bzw.Fördenbereiches. Tagsüber hat sich die Sandgarnele meist im Sand vergraben. In der Dämmerung oder bei trübem Wetter wird sie aktiv und sucht in Bodennähe nach Tangläufern, Mysiden oder Würmern.

Der Bestand ist im Frühherbst am größten. Im November / Dezember wandert die Garnele ins tiefe Wasser zum Überwintern, bevor sie im Frühjahr wieder zurück ins flache Wasser kommt. Auch in warmen Sommermonaten, wenn die Wassertemperatur über 18°C steigt, ziehen sich die Garnelen zeitweise in das tiefere Wasser zurück.

© Sven Gust

Die Ostseegarnele wird mit 7 bis 8 cm etwas größer als die Sandgarnele und bevorzugt in dichten Schwärmen insbesondere Seegraswiesen als Lebensraum. Besonders häufig ist sie in Fjorden und großen Buchten zu finden. Wie die Sandgarnele, ist die Ostseegarnele auch eher im flachen Wasser anzutreffen, bevor sie sich ebenfalls im Winter ins tiefere Wasser zurückzieht. Im Frühjahr können die ersten Garnelen bereits ab März beobachtet werden. In manchen Gebieten und nach kalten Wintern kann dies bis Ende April dauern.

In großen Fjordgebieten finden sich auch die etwas kleineren Brackwasser-Felsgarnelen.

© Sven Gust

2.4 TANGLÄUFER

Tangläufer (Flohkrebse / Gammarus) und auch Meerasseln stellen für die Meerforelle im Jahresverlauf eine weitere wichtige Nahrungsquelle dar. Magenuntersuchungen zeigen, dass der Anteil mit 15 - 20% an Krebstierchen das ganze Jahr über konstant vorhanden ist.

TANGLÄUFER

Der Tangläufer ist in einer unglaublichen Anzahl weit verbreitet und insbesondere in Tangwäldern und Seegraswiesen zu Hause.

Er wird zwischen 1 und 3 cm lang, wobei die größten Exemplare im März und April zu finden sind. Der Bestand ist im Herbst am umfangreichsten und es lassen sich dann ohne weiteres bis zu 1000 Tierchen je Quadratmeter finden. Im restlichen Jahr sind kaum mehr als 100 Tierchen je Quadratmeter vorhanden.

Tagsüber suchen die Tangläufer den Schutz am Boden und zwischen Pflanzen auf, um dann besonders aktiv am frühen Morgen und in den Abendstunden auf Nahrungssuche zu gehen. Dann findet die Meerforelle sie leicht in den oberen Wasserschichten, weil sich die Silhouette gut gegen die Wasseroberfläche abzeichnet.

Der Tangläufer kann in vielen Farbschattierungen von rot-braun bis dunkelgrün-oliv gefärbt sein. Er bewegt sich mit Hilfe seiner vielen Schwimmbeinchen im Wasser und schwimmt oft auf der Seite. Wenn der Flohkrebs den Körper zusammen zieht und wieder ausstreckt, kann er auch kleine, hastige Sätze machen, um dann wieder zu verharren oder sich absinken zu lassen.

Interessant ist, dass sich diese Tierchen sechs bis sieben Mal im Jahresverlauf paaren, der erste Wurf kommt schon im späten Winter. Das permanente Vorhandensein von Flohkrebsen, auch in der kalten Jahreszeit, zeigt noch einmal die Bedeutung dieser Nahrungsquelle auf. In Küstenabschnitten von Südschweden, aber auch von Bornholm, ist die Meerforelle im Frühjahr extrem stark auf diese Krebstierchen fixiert, da andere Nahrung zu dieser Zeit nur sehr spärlich vorhanden sein kann.

MEERASSEL

Die Meerassel sieht dem Tangläufer auf dem ersten Blick sehr ähnlich. Größe und Färbung sind praktisch gleich.

Bei genauerem Hinschauen fallen die Rückenpanzerung und die fehlende Körperkrümmung auf.

Die Meerassel ist seltener im Freiwasser zu finden als der Tangläufer und sie kriecht auf den Tang- oder Seegrasblättern umher. So ist die Meerassel eher ein Beifang der Meerforelle, wenn sie auf der Suche nach Tangläufern ist. Bei stärkerem Wellengang werden die Meerasseln aus den Tangbüscheln gespült. Auch bei der Meerassel findet sich die größte Bestandsdichte im Herbst.

© Sven Gust

2.5 FLUGINSEKTEN

Dänische Untersuchungen haben gezeigt, dass die Meerforelle gerade im Sommer und Herbst einen nicht unbedeutenden Anteil der Nahrung mit Flug- und Landinsekten bestreitet. Der Nahrungsanteil kann dann schon einmal 10 bis 20% betragen und in bestimmten Situationen ist die Meerforelle auf Insekten fixiert, wenn diese in großen Mengen auf die Wasseroberfläche in Küstennähe verweht werden.

Solche Situationen lassen sich an Küstenlinien mit viel Wald oder Steilküsten mit dahinter liegenden Feldern beobachten.

Dabei handelt es sich insbesondere um folgende Insektenarten:

- Flugameisen
- Wespenähnliche Schwebefliegen
- Kleine, schwarze Rapskäfer
- Tangfliegen
- Schnacken

Diese Situationen sind zwar nicht alltäglich, kommen aber immer wieder vor. Wenn besonders viele Insekten z.T. in richtigen Teppichen konzentriert auf der Wasseroberfläche vorkommen, dann sollten Sie eine Trockenfliege der Gr. 10 dabei haben.

3. STRATEGIEKOMPONENTEN

Auch für den erfahrenen Meerforellenfischer kann es schwer vorhersehbar sein, wo die Meerforellen zu einem bestimmten Zeitpunkt zu finden sind.

Sie können hier und dort oder scheinbar nirgendwo sein und alles zur gleichen Zeit. Aber keine Sorge, meistens lassen sie sich doch finden.

Aber viele verschiedene Faktoren beeinflussen das Verhalten der Meerforelle. Das Wissen um diese Faktoren, das bewusste Beobachten und das Lernen, Situationen und Plätze immer besser einschätzen zu können, wird sich auch durch immer bessere Meerforellenfänge auszahlen.

Gerade für den Einsteiger oder den weniger erfahrenen Meerforellenangler ist es wichtig, hier ein Grundverständnis zu entwickeln und ein wenig Überlegung bei der Platzwahl anzustellen. Wenn diese eigenen Gedanken immer wieder zu Fangerfolgen führen, kann man zu Recht stolz sein.

So fällt es dann auch den Revierunkundigen leicht, die passenden Stellen und die richtigen Köder auszuwählen, um die Meerforelle erfolgreich zu überlisten. In jedem Fall hilft die persönliche Erfahrung am Wasser - je mehr desto besser.

Einen zentralen Einflussfaktor haben wir im vorherigen Kapitel beschrieben. Das Wissen um das Nahrungsspektrum und das Vorkommen ist schon ein ganz wesentlicher Faktor zum Erfolg.

Den zweiten Faktor stellen die jahreszeitlichen und witterungs-bedingten Umstände dar, die die Meerforelle während eines bestimmten Zeitraums zu einem besonders reichhaltigen Nahrungsangebot führen. Diese Plätze und Küstenabschnitte gilt es herauszufinden und erfolgreich zu beurteilen.

Eines ist klar: wo ein ausreichendes oder gar ein sehr gutes Nahrungsangebot vorhanden ist, dort werden sich auch die Meerforellen einfinden. Gleichzeitig ist es wichtig, den Bereich zu finden, in dem aktuell der Stoffwechsel der Meerforelle am besten funktioniert. Und dies ist stark temperaturabhängig. Denn die Meerforelle reagiert bereits auf Zehntelgrade-Unterschiede durchaus feinfühlig.

3.1 JAHRESZEITEN

Das Nahrungsangebot ist über den Jahresverlauf sehr unterschiedlich verteilt. Wann welche Nahrung wo vorhanden ist, beeinflusst neben dem Laichzyklus erheblich die Wanderungen der Meerforellen entlang der Küsten und Förden.

DER WINTER (DEZEMBER, JANUAR, FEBRUAR)

Wenn die letzten Fische spätestens im Dezember in die Flüsse aufgestiegen sind, steht der Fang eines silberblanken Grönländers oder gar eines großen Überspringers im Fokus.

Abhängig von der Größe des Flusssystems und wie hart oder mild der Winter verläuft, können Sie aber ab Januar bereits auf die ersten Absteiger treffen.

Der Dezember ist meist der beste der Wintermonate. Zum einen kann die Wassertemperatur Anfang Dezember noch ohne weiteres 5 bis 6°C betragen und zum anderen ist das Nahrungsangebot, relativ gesehen, noch am größten.

Grönländerschwärme jagen meist um die Tagesmitte, wenn das Wasser am wärmsten ist. Die Beutezüge sind meist kurz und hektisch. Sobald man einen Fisch gefangen hat, sollte es schnell gehen, um den nächsten zu überlisten, da sonst die Fische bereits wieder weg sein können.

Bei fallenden Wassertemperaturen, die im Februar ihren Tiefstwert mit 0,5 bis 1°C erreichen, wird die Fischerei immer schwerer. In harten Wintern wird der Tiefstpunkt bereits im Januar erreicht und es kann passieren, dass vor März kaum noch ein Fisch fangbar ist.

Mit den fallenden Temperaturen verlassen die Meerforellen Gebiete mit hohem Salzgehalt (vgl. Kapitel 3.2) und kleinere Fische ziehen eher in die Förden, größere Fische in tiefes, wärmeres Wasser, um dort Hering und Sprotte zu jagen. An den offenen Küsten besteht nur in milden Wintern eine reelle Chance, auf Fische zu treffen.

Jedoch sinkt der Stoffwechsel der Meerforelle mit der fallenden Wassertemperatur und damit sinkt auch der Bedarf an Nahrung.

Im Januar und Februar liegt der Schwerpunkt der Fischerei in den brackigen Bereichen der großen Förden.

© Heiko Döbler

Für die Bestandssicherung der Meerforellen wäre es allerdings wünschenswert, wenn Bach- und Flussmündungen weit länger als bis Mitte Januar geschützt werden. Denn dort sammeln sich insbesondere Absteiger, die sich nach dem Laichgeschäft nur langsam regenerieren und erneut an das Meerwasser anpassen.

In milden Wintern ist die Meerforelle oft weit verstreut an der offenen Küste zu finden, was das Fangen allerdings erheblich erschwert.

In manchen Jahren sind die Förden, zumindest in den Randbereichen, zugefroren. Meistens lassen sich die Fische dann dicht an den Eiskanten finden. Scheinbar fühlen sich die Meerforellen ganz wohl, wenn sie ein „Dach" über dem Kopf haben und Jagdausflüge ins Freiwasser unternehmen können.

Auch in den Förden halten sich die Fische hauptsächlich in den tieferen Bereichen auf und kommen nur zu kurzen Fressperioden in flacheres, kälteres Wasser. Liegen die Wassertemperaturen nahe 0°C stellen die Meerforellen die Nahrungsaufnahme zeitweise komplett ein.

Bricht das Eis in den Förden (Februar / März), kann man für einige
Tage eine intensive Fischerei erleben.

Fressbares findet die Meerforelle zum einen nur noch in Grundnähe
und die Auswahl ist beschränkt. Meist sind es Tangläufer, vereinzelte
Grundeln und seltener vielleicht einmal ein Borstenwurm. Im tieferen
Freiwasser und meist weit von der Küste entfernt finden die großen
Fische Hering und Sprotte als Nahrung.

Sandaale haben sich in das tiefe Wasser zurückgezogen, um dort im
Sand vergraben eine Art Winterruhe zu verbringen. Auch Garnelen
verbringen den Winter im tieferen Wasser.

Tipps für den Winter

- Der beste Monat ist oft der Dezember, da die Wassertemperatur
  noch nicht ihren Tiefstpunkt erreicht hat. Der immer später
  einsetzende Winter lässt aber inzwischen diese Periode bis in
  den Januar hinein reichen.

- Flache Buchten und Förden mit hohem Süßwasseranteil aufsuchen.

- Bereiche mit weichem / schlammigem Grund werden von den Meerforellen bevorzugt aufgesucht. Sind gleichzeitig Süßwassereinläufe vorhanden, wird man überwiegend auf Kelts treffen.

- Vormittags bis frühen Nachmittag sind die besten Zeiten, insbesondere wenn die Sonne scheint und es auch im Winter zu spürbaren Unterschieden bei der Wassertemperatur zwischen Förden und der offenen Küste kommt.

- Fressperioden sind häufig nur kurz, aber mehrmals am Tag, hier ist Geduld und Vertrauen in den Angelplatz gefragt.

- Grönländer sind immer in Schwärmen unterwegs.

- Sinkt die Wassertemperatur unter 2,5°C wird es generell extrem schwer.
- Überspringer können auch an strömungsreichen Plätzen der Außenküste gefangen werden. Zieht der Hering dicht unter die Küste, werden häufig die größten Fische des Jahres gefangen.

Fliegenfischen im Winter

- Wichtig ist, dass Sie tief genug fischen.
- Neben Fliegen in gedeckten Farben, die Tangläufer, Seeringelwurm und Grundel imitieren, sollten Sie Reizmuster (Juletræ, Polarmagnus, Glimmerreje) dabei haben.

Spinnfischen im Winter

- Leichte Spinnköder (insbesondere Küstenwobbler), die sich auch langsam führen lassen.
- Haben Sie Nachläufer, dann variieren Sie das Tempo – häufig kann auch eine Springerfliege (z.B. Polarmagnus) den Tag retten.
- Fischen Sie auffällige Farben.

Ab Januar treffen Sie wie gesagt auch immer häufiger auf Absteiger, die im Drill sofort zu erkennen sind. Sie kämpfen auf der Stelle, machen eine Reihe Kopfschläge und bohren Richtung Grund. Wirkliche Fluchten und Sprünge kommen praktisch nicht vor. Erfahrene Meerforellenfischer schließen die Drillphase schnell ab, um den konditionsarmen Fisch nicht unnötig zu schwächen und lösen den Haken möglichst noch im Wasser.

DAS FRÜHJAHR (MÄRZ, APRIL, MAI)

Mit den langsam steigenden Wassertemperaturen im März, oft wird die 4°C-Marke erst im April erreicht, ziehen die Meerforellen verstärkt die Küste entlang.

Nachdem die erneute Anpassung an das Salzwasser erfolgt ist, ziehen die Absteiger in kleineren und größeren Trupps die Küste entlang. In Südschweden (Skane) sind seit Januar / Februar und dann im Frühjahr sehr große Schwärme unterwegs, die Riff für Riff nach Nahrung absuchen.

Absteiger stürzen sich auf alles, was ihnen vor das Maul kommt, wenn es sich nicht zu schnell bewegt.

Dagegen sind die Blankfische an das Angebot von Futtertieren gewöhnt und um sie zu überlisten, braucht es ein bisschen mehr Anstrengung.

Die kleineren Grönländer folgen meist den Absteigern aus den brackigen Fjorden und / oder den Unterläufen größerer Flüsse.

Die Meerforellen sind nach dem dürftigen Angebot des Winters, damit beschäftigt, schnell wieder an Kondition zu gewinnen und schlagen sich den Bauch voll.

Der März und der April stellen einen anglerischen Höhepunkt dar und spätestens im April haben auch die allermeisten Fische die Flüsse verlassen. Die Wassertemperaturen liegen zwischen 4 und 7°C, was die Meerforellen über den ganzen Tag aktiv werden lässt.

Aber der Stoffwechsel der Meerforelle, sowie das Nahrungsangebot haben noch nicht ihren Höhepunkt erreicht, denn noch ist das Wasser relativ kalt. Die Meerforelle ist sehr hungrig und kann noch nicht wählerisch sein.

Erst im Mai mit Wassertemperaturen zwischen 7 und 12°C, langen Tagen und überreichem Nahrungsangebot erreicht die Meerforelle aufgrund ihres Stoffwechsels wieder ihre beste Agilität.

Um ihre beste Kondition wieder zu erreichen, dauert es allerdings bis zum Herbst und bei den größeren Absteigern durchaus bis zum nächsten Jahr.

Zu Beginn des Frühjahres, also in dem noch relativ kalten Wasser, konzentriert sich die Futtersuche weiterhin am Boden, hier findet die Meerforelle hauptsächlich Flohkrebse, Bodenfische und Borstenwürmer. Später, sobald sich das Wasser erwärmt, findet die Meerforelle immer mehr ihre Nahrung im Mittelwasser und nahe der Oberfläche. Mit fortschreitendem Frühjahr nehmen Fische aller Art einen immer größeren Anteil (bis zu 50%) in ihrer Nahrungsaufnahme ein.

Besonders die Sandaale, die mit wärmerem Wasser wieder in Küstennähe kommen, sind ein wichtiger Nahrungsbaustein.

Natürlich bleiben Garnelen und Krebstierchen auch weiterhin eine zentrale Nahrungsgrundlage, da sie immer reichlicher vorkommen.

Hinzu kommt, dass das Schwärmen der Borstenwürmer, sowohl der Meerforelle, als auch dem Angler, ein unvergessliches Ereignis bescheren kann. Also immer die Augen nach Möwen offen halten, die am Strand oder im flachen Wasser die Seeringelwürmer jagen.

© Heiko Döbl

Tipps für das Frühjahr

- Ist der Winter kalt oder kommt er spät, ist der April der beste Monat.
- Ab 6°C Wassertemperatur wird es ideal.
- Die Fische sind sehr beweglich und den ganzen Tag über aktiv, wobei die frühen Morgenstunden häufig sehr gut sein können.
- Befischen Sie mehrere Plätze am Tag – es lohnt sich, die Fische zu suchen.
- Im März sind die Winterplätze immer noch eine sehr gute Wahl. Haben die Außenküstenbereiche eine Wassertemperatur von 4°C oder höher erreicht, sind die Meerforellen überall zu finden.
- Der erste richtige Frühlingseinbruch bringt eine hervorragende Fischerei.
- Topzeit ,einen der großen Überspringer zu erwischen.
- Wenn die Hornhechte Ende April / Mai da sind, verlagern Sie den Schwerpunkt der Fischerei auf den Morgen und den Abend.

- Auflandige Winde führen häufig zu höheren Wassertemperaturen im jeweiligen Küstenbereich - diese Bereiche ziehen die Meerforelle magisch an.

Fliegenfischen im Frühjahr

- Breite Fliegenpalette nutzen von Tangläufer-, Garnelen- über Seeringwurm-Imitationen bis hin zu Tobisstreamern.
- Wenn es noch kalt ist, sollte der Polarmagnus dabei sein.
- Tiefe Führung der Fliege im März, später im ersten Drittel der Wassersäule.
- Je wärmer das Wasser wird, desto schneller sollte die Führungsweise sein.
- Aber auch bei kaltem Wasser kann eine schnelle Führung gerade bei großen Meerforellen den entscheidenden Unterschied ausmachen.

Spinnfischen im Frühjahr

- Blinker und Küstenwobbler in blau/silber und grün/silber sind erste Wahl.
- Machen Sie Strecke und suchen Sie die Fische, hier hat es der Spinnfischer leichter.
- Die Meerforellen sind beißfreudig, geben Sie Ihnen nicht zu viel Zeit den Köder zu begutachten (schnelle Führung).

DER SOMMER (JUNI, JULI, AUGUST)

Im späten Frühjahr und dann den Sommer über hat die Meerforelle die besten Jagdbedingungen am Morgen, am Abend und in der Nacht. Hier findet sie Flohkrebse, Garnelen, Fische und Borstenwürmer dicht an der Oberfläche. Im Schutz der Dunkelheit kann sich die Meerforelle ungesehen nähern und die Tiere erjagen, die sie als Silhouette wahrnimmt.

Im Juni bestehen gute Chancen, dass die Meerforelle zu allen Tageszeiten gefangen werden kann.

Überschreitet die Wassertemperatur die 16°C und erreicht gar die 20°C-Schwelle, wird es der Meerforelle wiederum zu warm, so dass sie sich in tieferes und kühleres Wasser zurückzieht.

In den heißeren Sommermonaten sollte die Angelstelle immer mit dem Thermometer überprüft werden. Suchen Sie tiefe und strömungsreiche Stellen auf, wenn Sie es auch tagsüber probieren wollen. Auch ablandige Windsituationen können den entscheidenden Unterschied ausmachen, wenn das warme Oberflächenwasser auf die offene See hinausdrückt und kühleres Wasser aus der Tiefe nachströmen kann. Einen ähnlichen Effekt kann ein Hochwasser auslösen. Zeitweise kann es eine Absenkung der Wassertemperatur von 3 bis 5°C geben.

Im Sommer sind die Fische gut genährt und jede gefangene Meerforelle weist einen Mageninhalt auf. Da das Angebot überreich vorhanden ist, wird es schwieriger, die Meerforelle zu überlisten und häufig ist der Fliegenfischer im Vorteil.

Im Sommer ist die Meerforelle meist im Mittelwasser und gelegentlich an der Oberfläche auf Jagd.

Das gesamte Nahrungsspektrum ist reichlich vorhanden, neben Garnelen und Krebstierchen lassen sich im Küstenbereich alle Arten an Jungfischen finden.

Im Spätsommer und Herbst kann man Schwärme von Flugameisen und Schwebfliegen erleben, die bei Wind auf das Wasser geweht werden und sich so der Anreiz bietet, mit der Trockenfliege zu fischen. In dieser Zeit sollte man ein dünnes Vorfach und die eine oder andere Trockenfliege in der Box haben, um schnell auf sie zurückzugreifen, wenn man steigende Fische sieht. Tauchen Insekten auf dem Wasser auf, dann kann es sein, dass sich die Meerforellen zeitweise nur auf

diese Art der Nahrung fixiert haben. Steigende Fische sind also ein Signal, um es mit einer Trockenfliege zu versuchen.
Aber auch einzelne Borstenwürmerarten laichen im Sommer und können dann ein wichtiges Fliegenmuster darstellen.

Tipps für den Sommer

- Fischen Sie auch tagsüber, wobei das Nachtfischen immer eine zentrale Alternative darstellt.
- Die beste und angenehmste Nachtfischerei ist +/- 2 Wochen um Mittsommer oder um Vollmond.
- Bevorzugen Sie tiefe und strömungsreiche Küstenabschnitte, Landspitzen und Riffe (auch nachts) und achten Sie auf ablandige Windsituationen.
- In weniger tiefen Bereichen sollte leichter Seitenwind und eine leichte Welle herrschen – auflandiger Wind konzentriert (zu) warmes Wasser.
- Bis zu einer Wassertemperatur von 16°C ist die Fischerei am besten, und Sie können die Meerforelle überall antreffen (nicht nur in den tiefen Bereichen!).
- Steigt die Wassertemperatur aber über 18°C wird es generell sehr schwer.

Fliegenfischen im Sommer

- Alle Fliegenmuster bringen Fisch, nachts sind schwarze Muster gefragt und tagsüber sollte eine Trockenfliege dabei sein.
- Die Meerforelle jagt überwiegend in der ersten Hälfte der Wassersäule.
- Die Meerforelle hat zu dieser Zeit das größte Nahrungsangebot, somit führen Sie die Fliege schnell, um die Meerforelle zusätzlich zum Anpacken zu animieren (auch nachts!).

Spinnfischen im Sommer

- Fische Sie mit etwas leichteren Ködern als im Frühjahr.
- Gedeckte Farben z.B. Kupfer rücken in den Vordergrund (nachts Schwarz).
- Weiterhin ist eine schnelle Führung mit Spinnstopps gefragt.

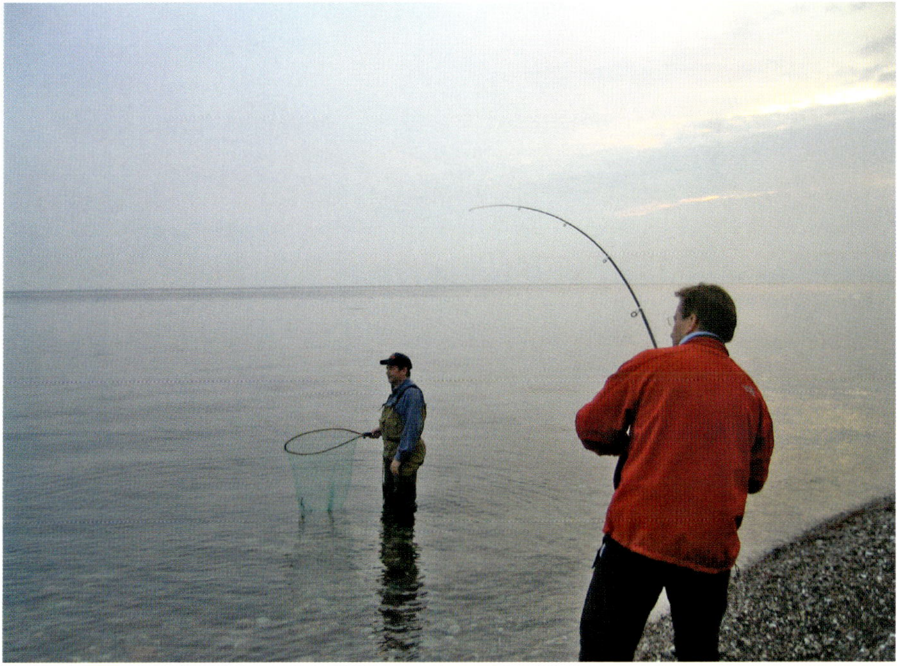

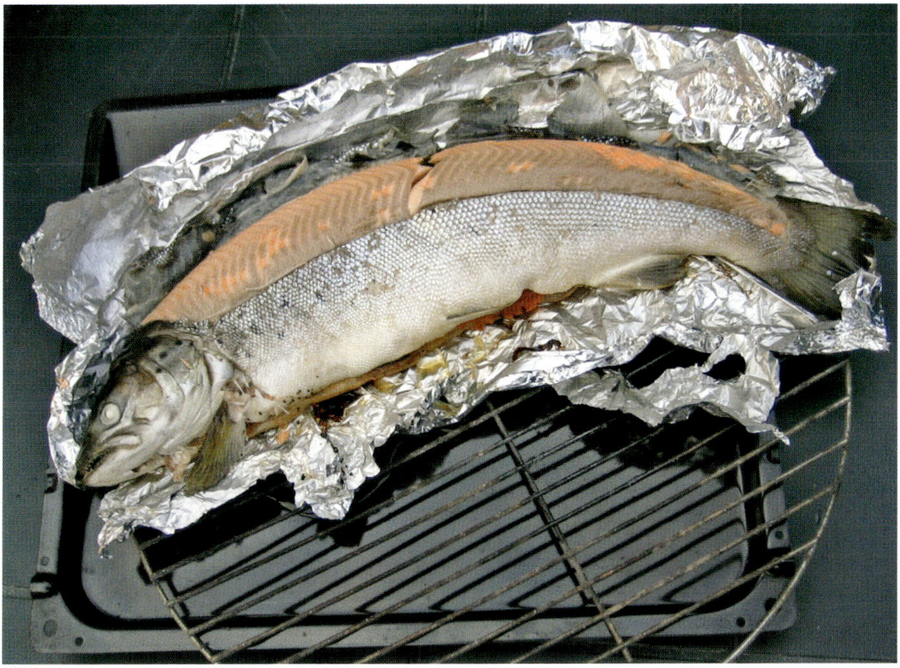

In manchen Küstenbereichen „verschwinden" die Meerforellen praktisch komplett. Bekannt hierfür sind Rügen, Bornholm und Blekinge. Die Meerforellen ziehen entweder den Herings- oder Brislingschwärmen hinterher oder verteilen sich weit draußen vor der Küste, wo es wie vor der schwedischen Küste immer noch flach genug ist und damit bei deutlich kühleren Wassertemperaturen trotzdem ein reichhaltiges Nahrungsangebot vorhanden ist.

Die besten Sommerreviere liegen im Kattegat: Ostjütland, Nordfünen und Nordseeland und in den strömungsreichen Gebieten der Belte und Sunde.

Schön ist es, dass sich im Sommer der Familienurlaub wunderbar mit der Meerforellenfischerei verbinden lässt. Und wer zum ersten Mal im T-Shirt eine kampfstarke Meerforelle überlistet hat, wird zukünftig vielleicht die Urlaubsplanung überdenken.

DER HERBST (SEPTEMBER, OKTOBER, NOVEMBER)

Um die Strapazen der Laichwanderung und des Laichgeschäfts zu überstehen, haben sich die Meerforellen eine entsprechende Reserve angefressen.

Die laichbereiten Fische sind alle schon deutlich verfärbt und die Milchner sind an einem mehr oder weniger ausgeprägten Laichhaken zu erkennen.

Sobald im August bzw. September die erste Schlechtwetterphase entsteht, beginnt die Wanderung. Die größten Fische sind häufig schon im Mai / Juni in die größeren Flüsse gezogen. Dies ist aber nur ein kleiner Teil. Der überwiegende Teil ist zu dieser Zeit noch im Meer.

Meistens wandern diese Fische in Schwärmen und ihr Gewicht liegt in einem Bereich von 1 bis 3 Kilogramm.

Diese Fische fressen zwar noch, aber häufig fängt man Fische, deren Mägen leer sind. Je später im Herbst geangelt wird, desto eher sollte der Angler Provokationsmuster einsetzen. Diese Köder verführen die aggressiven Fische eher zuzubeißen.

An ruhigen, sonnigen Tagen kann es fast unmöglich sein, einen Fisch zu überlisten. Dabei zeigen sie sich gerne und verraten sich durch hohe Sprünge. In solchen Situationen sollte man wieder auf kleinere, dezentere Köder zurückgreifen. Es kann sich noch lohnen in der Nacht zu angeln, da die Meerforellen in dieser Jahreszeit nachts noch sehr aktiv sind.

Herbststürme und Schlechtwetterperioden machen die Fischerei eher erfolgreicher, da die Fische dann deutlich weniger wählerisch sind und häufig sehr entschieden zubeißen.

Ende Oktober / Anfang November haben die Aufsteiger die Nahrungsaufnahme praktisch schon eingestellt, auch wenn sie sich noch im Meer aufhalten. Vielleicht beginnt das territoriale Verhalten der farbigen Fische schon im Meer auf dem Weg der Laichwanderung und eine Fliege kann noch einen Beißreflex der Meerforelle auslösen. Ein Teil der Fische nimmt aber nicht am Laichgeschäft teil – nicht geschlechtsreife Grönländer und Überspringer. Diese Fische sind konstant auf Beutesuche und man fängt sie auch ganz normal.

Diese Überspringer hören nicht auf, Nahrung zu sich zu nehmen. Es handelt sich um starke, jagende Meerforellen, die sich schon so viele Reserven angefressen haben, dass sie sich nicht mehr auf alles stürzen.

Große Beute, wie Fische sind in dieser Zeit wichtig. Diese Meerforellen fressen im Herbst deutlich mehr Fische als Krebstiere.

Grundeln, Tobiasfische und Heringe dominieren. Dieser Aspekt und die differenzierte Betrachtung der Meerforellen im Herbst (Aufsteiger / Nicht-Aufsteiger) führen zur Revidierung der pauschalen Aussage, Fliegenfischerei sei im Herbst von Vorteil. Gemessen am Fangerfolg stimmt dies zwar vordergründig, aber es sind dann überwiegend gefärbte Aufsteigerfische. Hingegen fängt der Spinnfischer zwar seltener, aber er hat eher die Chance auf einen Überspringer.

Natürlich stehen für die kleineren Grönländer / Überspringer nach wie vor Garnelen, Krebstierchen und Borstenwürmer auf dem Speiseplan.

Tipps für den Herbst

- Die Fische können überall sein – seien Sie beweglich.
- Häufig sind in der ersten Herbstphase die Morgenstunden sehr Erfolg versprechend
- Wenn die ersten Herbststürme da waren und die Wassertemperaturen unter 14°C gesunken sind, ist die Fischerei über den ganzen Tag verteilt gut.
- Probieren Sie verschiedene Köder und Taktiken aus. Im Herbst können die Meerforellen schon einmal etwas launischer sein (viele Nachläufer).
- Gerade im Herbst verraten sich die Fische sehr häufig an der Wasseroberfläche und springen z.T. komplett aus dem Wasser.
- Bis auf die Grönländer ziehen die Fische oft einzeln die Küste entlang, meist auf dem Weg zu ihren Laichgewässern.

Fliegenfischen im Herbst

- Alle Fliegenmuster bringen Fisch, fischen Sie nicht nur mit kleinen Mustern.
- Die Meerforelle jagt überwiegend in der ersten Hälfte der Wassersäule.
- Die Meerforelle hat zu dieser Zeit das größte Nahrungsangebot. Deshalb führen Sie die Fliege schnell, um die Meerforelle zusätzlich zum Anpacken zu animieren.

Spinnfischen im Herbst

- Fischen Sie mit etwas leichteren Ködern als im Frühjahr.
- Gedeckte Farben z.B. Kupfer rücken in den Vordergrund (nachts Schwarz).
- Nutzen Sie die Option der Springerfliege oder stellen Sie auch mal ganz auf das Spirulinofischen um.
- Weiterhin ist eine schnelle Führung mit Spinnstopps gefragt.

Viele erfahrene Meerforellenfischer entscheiden sich im Herbst, unabhängig von Schonzeiten, für das Zurücksetzen von gefärbten Fischen. Insbesondere bei Rognern, die voller Laich sind, ist dies eine schöne Geste für die Bestandssicherung und ein kleiner Dank an die vielen Menschen, die sich in den verschiedenen Meerforellenprojekten und Vereinen letztendlich für uns alle engagieren.

3.2 WASSERTEMPERATUR & SALZKONZENTRATION

Ein weiterer wichtiger Faktor für die Strategie bei der Meerforellenfischerei ist, den Einflussfaktor Wassertemperatur zu verstehen und für sich zu nutzen.

Wichtig ist, dass die Wassertemperatur und der Grad des Stoffwechsels der Meerforelle in engem Zusammenhang stehen.
Der Stoffwechsel heißt: die Fähigkeit Nahrung aufzunehmen und verdauen zu können. Je besser und schneller der Stoffwechsel funktioniert, desto aktiver ist eine Meerforelle bei der Nahrungssuche:

- Im Temperaturbereich von 5°C bis 16°C funktioniert der Stoffwechsel der Meerforelle am besten und die Fische sind sehr aktiv.
- Das Optimum für die Meerforelle liegt in einem Bereich von 12°C bis 14°C (ähnliches gilt auch für die Nahrungstiere der Meerforelle).
- Sinkt die Temperatur unter 4°C oder steigt sie über 18°C, reduziert die Meerforelle aufgrund des schlechter funktionierenden Stoffwechsels ihre Aktivität sehr stark, zeitweise stellt die Meerforelle ihre Aktivitäten sogar ganz ein.

Neben dem Stoffwechsel beeinflusst die Wassertemperatur auch die Agilität / Beweglichkeit der Meerforelle. Bei niedrigen Wassertemperaturen, die deutlich unter 4°C liegen, bewegt sich die Meerforelle nur noch recht verhalten. Lange Sprints werden nicht mehr gemacht, wie z.B. einem Futterfisch hinterher zu jagen.
Im Frühjahr sind gleichmäßig ansteigende Temperaturen für die Meerforelle ideal, denn sie ist dann deutlich agiler als die langsam wieder auftauchenden Beutetiere wie Grundeln, Stichlinge, Krebstierchen und der Seeringelwurm.

Bei häufig vorkommenden extremen Temperaturwechseln (Kälteeinbruch) kommt der Stoffwechsel der Meerforelle zeitweise zum Erliegen. In diesen Zeiträumen macht es kaum Sinn, in flacheren Buchten und Küstenbereichen zu fischen. Wo aber Meeresströmungen und Wind dafür sorgen, dass wärmeres Tiefenwasser auf die Küste drückt, besteht eine deutlich bessere Fangchance. Dies gilt besonders dort, wo Tiefwasser nicht weit entfernt ist.

Bei kalten Temperaturen kommen häufig Überlegungen ins Spiel, ob Salzgehalt/Salzkonzentration von Bedeutung sind. So hat jeder schon einmal gehört, dass Meerforellen im Winter die Bereiche der Ostsee verlassen, die einen hohen Salzgehalt haben, um in Brackwasserbereiche und Teile der Ostsee mit geringerem Salzgehalt zu ziehen.

Hierbei stellen sich allerdings zwei Fragen:

1. Warum kann die Meerforelle im Sommer Salzkonzentrationen bis zu 3,5 Prozent vertragen / „überleben" und im Winter „plötzlich" nicht mehr?

2. Was machen eigentlich die Meerforellen, die in der Nordsee leben, im Winter? Bekanntermaßen hat die Nordsee einen deutlich höheren Salzgehalt als die Ostsee.

Unter Brackwasser versteht man Fluss- oder Meerwasser mit einem Salzgehalt von 0,1% bis 1%. Wasser mit geringerem Salzgehalt heißt Süßwasser, Wasser mit höherem Salzgehalt Salzwasser. Das Wort Brackwasser leitet sich übrigens vom plattdeutschen Wort Brack ab, das einen durch Deichbruch entstandenen See bezeichnet.

Es ist noch hilfreich zu wissen, dass salzarmes Wasser bei gleicher Temperatur leichter als salzreiches Wasser ist. Deshalb befindet sich das salzarme Wasser immer in den oberen Wasserschichten und kann auch nur als Oberflächenwasser in die Nordsee strömen. Der Einstrom von salzreichem Nordseewasser in die Ostsee erfolgt somit immer nur bodennah.

Wenn die Meerforelle im Salzwasser unterwegs ist, wird durch die sog. „Osmotische Regelung „ permanent die Salzkonzentration des Meerwassers und die Salzkonzentration im Flüssigkeitshaushalt der Meerforelle ausbalanciert. Ist die Salzkonzentration des Meerwassers höher als im Körper der Forelle, wird dem Fisch Flüssigkeit entzogen. Die Haut dient als Membran / Filter und lässt von außen keine Salzmoleküle in den Fisch, so dass der Osmoseeffekt „versucht" das Gleichgewicht zwischen Fisch und dem Salzwasser in Richtung Salzwasser herzustellen. Die Meerforelle würde schlichtweg austrocknen. Um dem entgegen zu wirken, schluckt die Meerforelle auch Salzwasser, um über diesen Weg die Salzkonzentration in der Körperflüssigkeit anzuheben und den Austrocknungsvorgang zu stoppen. Überschüssiges Salz wird über die Kiemen wieder ausgeschieden

Bei Süßwasserfischen ist im Körper die Salzkonzentration höher als im umgebenden Süßwasser. Süßwasser dringt daher von außen in den Fisch ein. Um hier für sich die Balance herzustellen, scheiden Süßwasserfische große Mengen Wasser über den Urin aus und die notwendigen Salze werden durch die Kiemen aufgenommen. Die Meerforelle ist hierzu ebenfalls in der Lage, wenn sie in die Flüsse aufsteigt.

Fische sind wechselwarme Tiere und ihr Stoffwechsel hängt somit wie angesprochen von der Wassertemperatur ab. Der chemische Prozess der Osmose funktioniert also bei höheren Temperaturen und zwar bei ca. 12°C am besten.

Wenn die Temperatur stark darunter liegt, reicht das geringe Stoffwechselvermögen (Nahrungsaufnahme / Verdauung) nicht mehr aus, um genug Energie zu liefern, um größere Salzkonzentrationen des umgebenen Wassers ausgleichen zu können. Die Fische würden sterben, wenn sie nicht in andere Gebiete ziehen würden.

Die kleineren Fische ziehen dann überwiegend in Brackwasserbereiche der Förden oder vom Kattegat in die westliche Ostsee. Die großen Überspringer ziehen in der Regel in tieferes und wärmeres Wasser.

Die Meerforellen, die im Winter nicht am Laichprozess teilnehmen und in der Nordsee verbleiben, überleben aber Wassertemperatur-/Salzkonzentrationen, die die Ostsee-Meerforelle nicht mehr vertragen würde. Wie kommt dies?

Eine dänische Studie hat hierzu zwei Meerforellen-Stämme genetisch untersucht. Die Forscher aus Silkeborg haben hierzu Grönländer aus der Ribe Au (mündet in die Nordsee) und der Grena Au (mündet in das Kattegat) untersucht und verglichen.

Hierbei stellte sich heraus, dass die beiden Stämme eine unterschiedliche Stresstoleranz besitzen, um kritische Wassertemperatur-/Salzgehaltkombinationen zu verkraften. Der Unterschied liegt in dem so genannten Na / K-ATPase-Gen, das dafür verantwortlich ist, die Salzkonzentration der Zellen zu regulieren.

Dieses Ergebnis ist insofern auch von Bedeutung, als undurchdachte Besatzmaßnahmen von in die Nordsee mündenden Flüssen mit Ostseestämmen nicht funktionieren würden.

Grönländer schwimmen übrigens im Winter nur in Flüsse hinein, um eine kritische Wassertemperatur-Salzgehalt-Kombination abzufedern. Das Nahrungsvorkommen ist nach wie vor in der Ostsee und den Förden reichhaltiger als im Fluss.

Zu 80% sind dies die kleineren Grönländer, die weniger als 40cm lang sind. Glücklicherweise sind zumindest in Dänemark nahezu alle Flüsse bis zum ersten April gesperrt, so dass weder kleine Grönländer verangelt noch unnötig auf Absteiger gefischt werden kann.

3.3 WETTER, STRÖMUNG & GEZEITEN

Keine Frage, dass sich ein Klimawandel nicht mehr grundsätzlich leugnen lässt. Lange und kalte Winter sind ebenso seltener geworden wie verregnete Sommer. Die nun eher stürmischen und milden Winter lassen auch den Januar, neben dem Dezember zu einem interessanten Monat für die Meerforellenfischerei werden. Haben die Wassertemperaturen in „normalen" Wintern bereits im Januar / Februar ihren Tiefstpunkt erreicht, so stellt sich heute der Tiefstwert erst im Februar / März ein. Auch im Frühjahr erwärmt sich das Wasser häufig schneller. Diese Wetterlagen verlängern die Meerforellenfischerei und lassen die Saison gleichzeitig früher starten.

Sind die Winter sehr kalt (z.B. 2009/2010), dann ergibt sich eine sehr lange Periode von Januar bis in den März hinein, in der die Fischerei praktisch zum Erliegen kommen kann.

Ist der Winter mild oder das Wasser vor der Küstenlinie brackig, beginnt die Wanderung der Meerforellen aus den Flüssen und den Innenförden bereits zu Jahresbeginn und zieht sich über mehrere Wochen hin.

Bei sehr kalten Wintern oder wenn die Küstenlinie einen hohen Salzgehalt (Kattegat) aufweist, kann die Wanderung auch erst sehr spät im Frühjahr (März / April) beginnen. Wenn dann das Frühjahr ganz plötzlich kommt, ist die Wanderung in offene Gewässer meist sehr kurz und hektisch.

Ist der Winter lang und kalt und mit Vereisung der Förden einhergehend, wird man unmittelbar nach der Eisschmelze viele Meerforellen fangen können. Die Fische haben sich in den Innenförden gesammelt und sind nun sehr hungrig.

In milden Wintern wird man die Meerforelle oft nur verstreut an den offenen Küsten finden, was das Fangen erheblich erschwert.

Die Fischerei an der Küste ist in Jahren mit sehr langen und sehr kalten Wintern häufig schlechter als in milderen Jahren. Viele kleinere Meerforellen, die nicht am Laichgeschäft teilgenommen haben, werden in Bereichen mit kaltem Salzwasser „eingeschlossen" und überleben dies nur selten.

Neben diesen grundlegenden Wettertendenzen können kurzfristige Wettersituationen und –veränderungen Einfluss auf die Taktik der Meerforellenfischerei haben. Hier einige typische Situationen:

a) SEHR SONNIGE TAGE IM WINTER

Ergibt sich im Winter eine mehrtägige Periode mit viel Sonne und vielleicht einem kleinen Temperaturanstieg, kann dies zu einer interessanten Fischerei führen. Die typischen Winterplätze sind, wie oben beschrieben, flachere Buchten mit (dunklem) weichem Untergrund. Dieser dunkle Untergrund, gerne kombiniert mit Tangwäldern oder dunklen Muschelbänken, absorbiert das Sonnenlicht und dies wiederum kann einen kleinen, aber entscheidenden Temperaturunterschied ausmachen, so dass in diesen Bereichen die Meerforellen / Grönländer aktiv werden.

b) PLÖTZLICHER KÄLTEEINBRUCH IM BEGINNENDEN FRÜHJAHR

Insbesondere der März ist ein Frühjahrsmonat, bei dem der Winter noch einmal zurückkommen kann. Verbunden ist dies oft mit einem eisigen Ost-/Nordostwind, der das Oberflächenwasser deutlich und schnell abkühlt. In diesen Phasen wird es extrem schwer, Meerforellen zu finden und zum Anbiss zu überlisten. Die Fische reagieren sehr schnell mit einem deutlich reduzierten Stoffwechsel und entsprechender Inaktivität. Der Großteil der Fische zieht sich von der Küstenlinie ins tiefere, wärmere Wasser zurück.
Chancen können dort bestehen, wo sich in Strandnähe tiefes Wasser befindet, und durch Strömung wärmeres Wasser an einen Küstenabschnitt gedrückt wird.

c) NACHHALTIGER DURCHBRUCH DES FRÜHLINGS

Irgendwann Ende März / Anfang April kommt der Frühling dann wirklich. Es stellt sich eine Schönwetterperiode ein, die mit südlichen Winden und einem deutlichen Temperatursprung nach oben einhergeht. Meist werden erstmals Lufttemperaturen von über 15°C erreicht. Wer diese Phase abpassen kann, erlebt häufig eine phantastische Fischerei. Überall im nun deutlich wärmeren Wasser

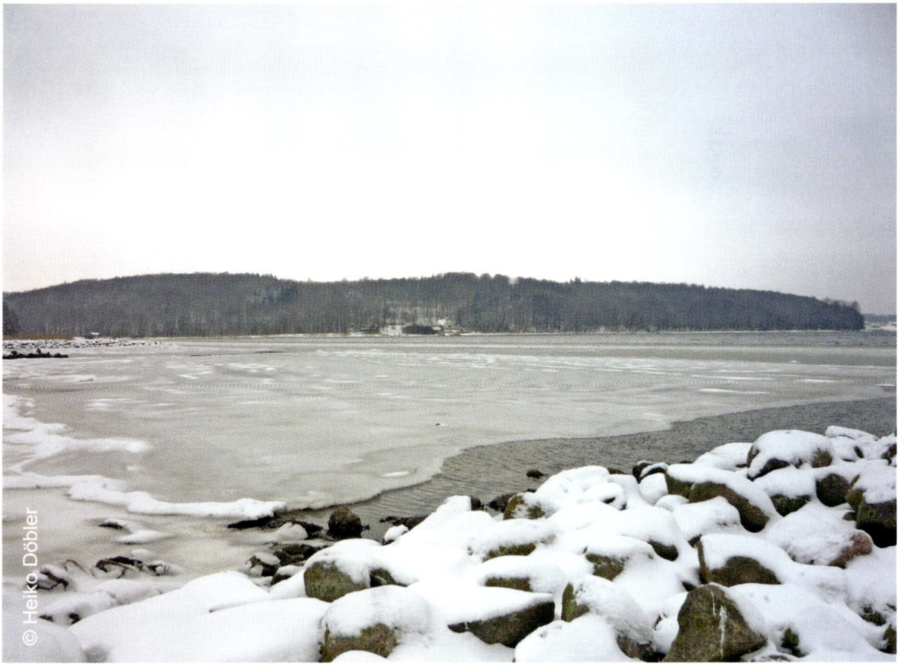
© Heiko Döbler

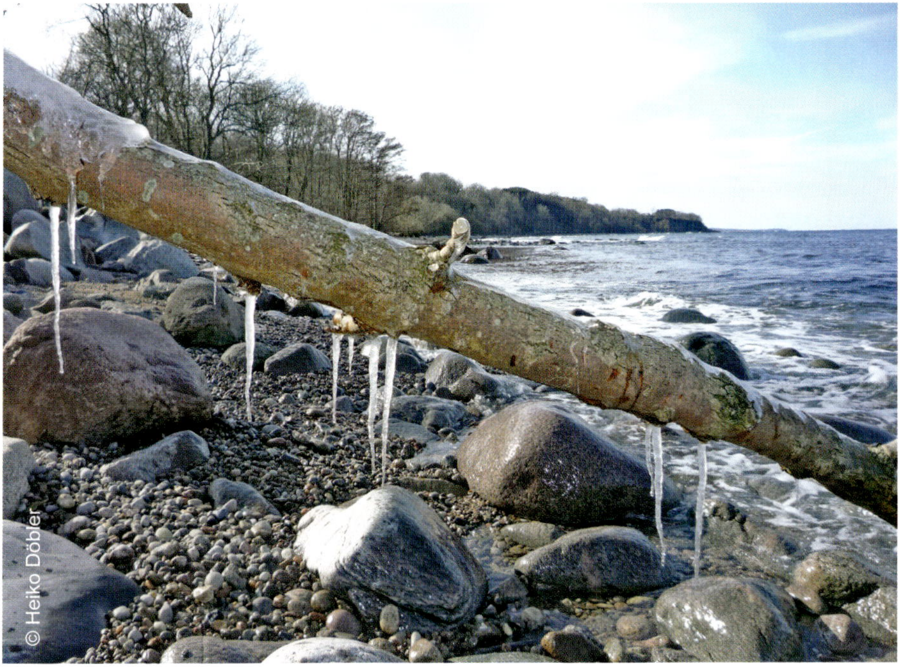
© Heiko Döbler

erwacht das Leben, sobald die magische 5°C-Grenze durchbrochen wird, und die Meerforellen sind überall unterwegs, um Nahrung zu erjagen. Diese wunderbare Phase kann durchaus 6 bis 10 Tage anhalten.

Am richtigen Platz, kann man dann Sternstunden erleben. Erstklassig sind Küstenabschnitte, die mehr nach Süden ausgerichtet sind, so dass eine leichte auflandige Welle das warme Oberflächenwasser konzentrieren kann.

d) OSTWIND-WETTERLAGEN

Die viel gescholtenen Ostwindsituationen und die damit verbundene Aussage, dass alle Fangchancen nun gegen Null gehen, kennt wohl jeder.

Zum Teil ist dies auch tatsächlich der Fall – vgl. Pkt. b). Wenn mit östlichen Winden die Kälte kommt, wird es tatsächlich schwer. In den restlichen Frühjahrs-, Sommer- oder Herbstmonaten muss dies überhaupt nicht stimmen. Im späten Frühjahr kann man bei östlichen Winden z.B. an der Südjütländischen Küste eine sehr gute Fischerei erleben. Nach abflauenden Oststürmen fischt die Ostküste Bornholms ebenfalls überdurchschnittlich gut. Mit den hier auflandigen Winden und Wellen wird viel Nahrung frei gespült und da lässt sich die Meerforelle nicht lange lumpen und interessiert sich recht wenig für „feste" Regeln.

e) SCHLECHTWETTERPERIODE IN DEN SOMMERMONATEN

Schlechtwetterperioden mit Regen, Wind und bewölktem Himmel führen dazu, dass sich das Wasser abkühlt und / oder kühleres Wasser aus der Tiefe gegen die Küste gedrückt wird. Das bringt die Meerforellen verstärkt in Fresslaune und in eine Phase der Aktivität, die man nutzen sollte.

f) ERSTE HERBSTSTÜRME / ABKÜHLENDE WASSERTEMPERATUREN

Kommen Ende September / Anfang Oktober die ersten Herbststürme und stellt sich das Wetter mit Nord-/Nordwestwinden um, beginnen die Temperaturen zu fallen. Auch die nun kürzeren Tage und damit längeren Nächte mit Temperaturen unter 10°C führen dazu, dass sich die Wassertemperaturen wieder sukzessive dem Wohlfühlbereich für die Meerforelle nähern. All das resultiert in mehr Aktivität und Bereitschaft, sich für unsere Köder zu interessieren, so dass eine gute und spannende Herbstfischerei beginnen kann.

g) VOLLMOND

Hier existieren viele Theorien und Aussagen. Klar ist, dass bei Vollmond die Erde zwischen dem Mond und zwischen der Sonne steht, und es damit zu stärkeren Amplituden bei den Tiden kommt

(Springflut – alle 14 Tage bei Vollmond und bei Neumond). Dies führt zu etwas mehr Strömung, dort wo eine Tide in der Ostsee wirksam wird (nur im Kattegat). Klar ist auch, dass die Nachtangelei bei Vollmond und nahezu wolkenlosen Himmel am leichtesten fällt.

Weitere Beispiele lassen sich sicherlich ergänzen. Fakt ist aber, dass sich aus der jeweiligen Wetterlage keine wirklichen Fangregeln oder etwa -garantien ableiten lassen.

Wichtiger und hilfreicher ist es bei einer lokalen Wetterlage die **Zusammenhänge zwischen Wind, Wellen & Strömungen** zu erkennen und für sich durch eine gezielte Wahl der Angelstelle zu Nutze zu machen:

1) ZUSAMMENHANG WIND UND WASSERTEMPERATUR IM KÜSTENNAHEN BEREICH

Als wechselwarmes Tier reagieren Meerforellen sehr sensibel auf Temperaturschwankungen. Sie registrieren Temperaturänderungen von Bruchteilen eines Grades. Meerforellen sind immer auf der Suche nach Temperaturbedingungen, die ihren Stoffwechsel und das damit verbundene Wachstum am besten funktionieren lässt. Jahreszeitlich bedingt, wird natürlich nicht immer der beste Wirkungsgrad erzielt. Hierbei sind Temperaturunterschiede an Küstenlinien oder um Inseln herum von ausschlaggebender Bedeutung (gerade bei sehr niedrigen und sehr hohen Wassertemperaturen).

Im **Winter** hat das Wasser die geringsten Temperaturen erreicht. Bekanntermaßen besitzt das Wasser die Eigenschaft bei 4°C die höchste Dichte zu haben und nach unten zu sinken. Das Oberflächenwasser ist nun im Winter i.d.R. deutlich kühler. Die Windrichtung beeinflusst insbesondere in Förden und großen Buchten Temperaturschwankungen, die zu dieser Jahreszeit einen spürbaren Einfluss auf die Meerforellenfischerei ausüben.
Haben wir ablandigen Wind, dann wird das kältere Oberflächenwasser weggedrückt und aus den unteren Wasserschichten fließt wärmeres Tiefenwasser nach. Das hat den Effekt, dass eine Bucht, die vorher eine Wassertemperatur von 1°C bis 2°C hatte, nun eine

Wassertemperatur von 4°C erreicht. Wenn das tiefere Wasser, was auch sein kann, eine Temperatur von 5°C bis 6°C hatte, wird es entsprechend wärmer. Diese Temperaturerhöhung wirkt sich sehr schnell positiv auf die Aktivität der Meerforelle aus und führt dazu, dass zusätzliche Fische in die Bucht ziehen werden.

Eine auflandige Windsituation wirkt sich negativ aus, da sich das kalte Oberflächenwasser in der Bucht oder an dem Strandabschnitt staut und das wärmere Tiefenwasser zusätzlich weggedrückt wird. Die Meerforelle verlässt diesen Bereich um Wasserbereiche mit höheren Temperaturen aufzusuchen oder wird sehr inaktiv (Thema Stoffwechsel).

Hat im **Frühjahr** auch das Oberflächenwasser 4°C überschritten, kehrt sich der Effekt um. Das Tiefenwasser ist dann kühler als die oberen Schichten. Somit führt ablandiger Wind zum Abtransport des wärmeren Oberflächenwassers und kälteres Tiefenwasser fließt nach. Die Wassertemperatur sinkt ab und die Fische werden diesen Küstenabschnitt / diese Bucht verlassen. Damit ergeben sich bei auflandigen Windverhältnissen im Frühjahr die besseren fischereilichen Chancen.

In den **Sommermonaten** wiederum, wenn das Oberflächenwasser und die Wassertemperatur im Küstenbereich die 16°C-Marke überschritten haben, ist eher ablandiger Wind wünschenswert. Denn dieser schiebt das wärmere Wasser weg, so dass das nun für die Meerforelle angenehmere, da kühlere Tiefenwasser nachströmen kann.

Im **Herbst** entsteht mit den ersten langen und kalten Nächten sowie Einbruch von kalter Polarluft eine Situation, die die Fischerei zeitweise schwierig macht.

Das Oberflächenwasser kühlt rasch und deutlich aus. Wind und Welle tun ein Übriges. Der nun vorherrschende Nordwind schiebt das kalte Oberflächenwasser an die Nordküsten z.B. von Fünen und innerhalb von einer recht kurzen Zeit muss der Stoffwechsel der Meerforelle einen deutlichen Temperatursprung nach unten verarbeiten. Dieser Anpassungsprozess wird ein paar Tage benötigen, bevor die

Meerforelle wieder in Beißlaune gerät. Zum Teil wird sie in das tiefere und wärmere Wasser wechseln bzw. versuchen, um so schneller und direkter ihren Heimatfluss als Aufsteiger zu erreichen. Um Fünen, Langeland, Als und Fehmarn können dann bis zu einer Woche lang Temperaturunterschiede von bis zu 4°C im nördlichen zum südlichen Küstenbereich entstehen. Danach sollte man auch den Angelplatz auswählen.

2) ZUSAMMENHANG VON STRÖMUNG UND STARKWINDSITUATIONEN

Bei längeren Starkwindsituation, z.B. bei süd-/südwestlichen Winden in der westlichen Ostsee, drückt der Wind das Wasser Richtung Osten und Norden. Mit einer zeitlichen Verzögerung entsteht so ein deutlich sichtbares Niedrigwasser in Revieren wie z.B. Als, Südjütland und der Flensburger Förde.

In dieser Zeit entstehen starke Strömungen entlang der Küste von Fehmarn, Rügen, Südschweden und Bornholm. Lässt der Wind wieder nach, „schwappt" das Wasser zurück und die Strömung dreht entsprechend um. Dies geschieht ebenfalls mit einer zeitlichen Verzögerung von erfahrungsgemäß 1 bis 1,5 Tagen.

Bei Starkwindsituationen aus Norden bzw. Nordosten drehen sich die Effekte genau um. Im Januar 2010 konnten dann an der deutschen Ostseeküste Wasserstände von 1,30 Metern über dem Normalwert beobachtet werden.

Bei starken Westwindsituationen drückt es z.B. reichlich Wasser aus der Nordsee über das Skagerak ins Kattegat. Damit entstehen für die Fischerei interessante Strömungssituationen entlang der Küsten von Fünen und Langelands sowie in den Belten und Sunden.

In der Ostsee selbst sind Gezeiten und damit spürbare Strömungen kaum spürbar und für die Fischerei nicht relevant.

Anders sieht es im Kattegat aus, wo ein Gezeitenwechsel spürbarer ist. Dies gilt insbesondere für die offene Küste und die großen Fördemündungen. Hier haben sich die Meerforellen auf den Rhythmus der Gezeiten eingestellt. Bei zunehmender Flut kommt die Meerforelle und geht auf die Jagd. Wenn die Ebbe einsetzt, verschwindet die Meerforelle langsam wieder.

Dies sind Grundregeln, von denen es immer wieder auch Ausnahmen geben kann. So fischen manche Stellen bei Ebbe besonders gut, denn bei Niedrigwasser sind z.B. tiefe Kanten für den Watangler leichter erreichbar.

3) ZUSAMMENHANG VON LOKALEN WETTERSITUATIONEN UND STRÖMUNG

Neben diesen typischen Starkwind-/Sturmsituationen lassen lokale Wind- und Wellensituationen Strömungen entstehen, die Nahrung aufwirbeln und in Buchten und hinter Riffen konzentrieren können. Das sind dann typische Plätze, an denen Meerforellen besonders gerne auf Jagd gehen.

Bläst der Wind parallel zur Küste, so dass auch die Welle nahezu parallel zur Küste verläuft, werden Landzungen und Inselspitzen interessant. Denn hier läuft die Welle, sobald das Wasser flacher wird, um die Landzunge herum und erzeugt eine Strömung, spült Nahrung frei. Für den Fliegenfischer wirft es sich ggf. leichter. Auch bei auflandigen Windsituationen entstehen küstenparallele Strömungen, die besonders an markanten Landspitzen und Riffen anzutreffen sind.

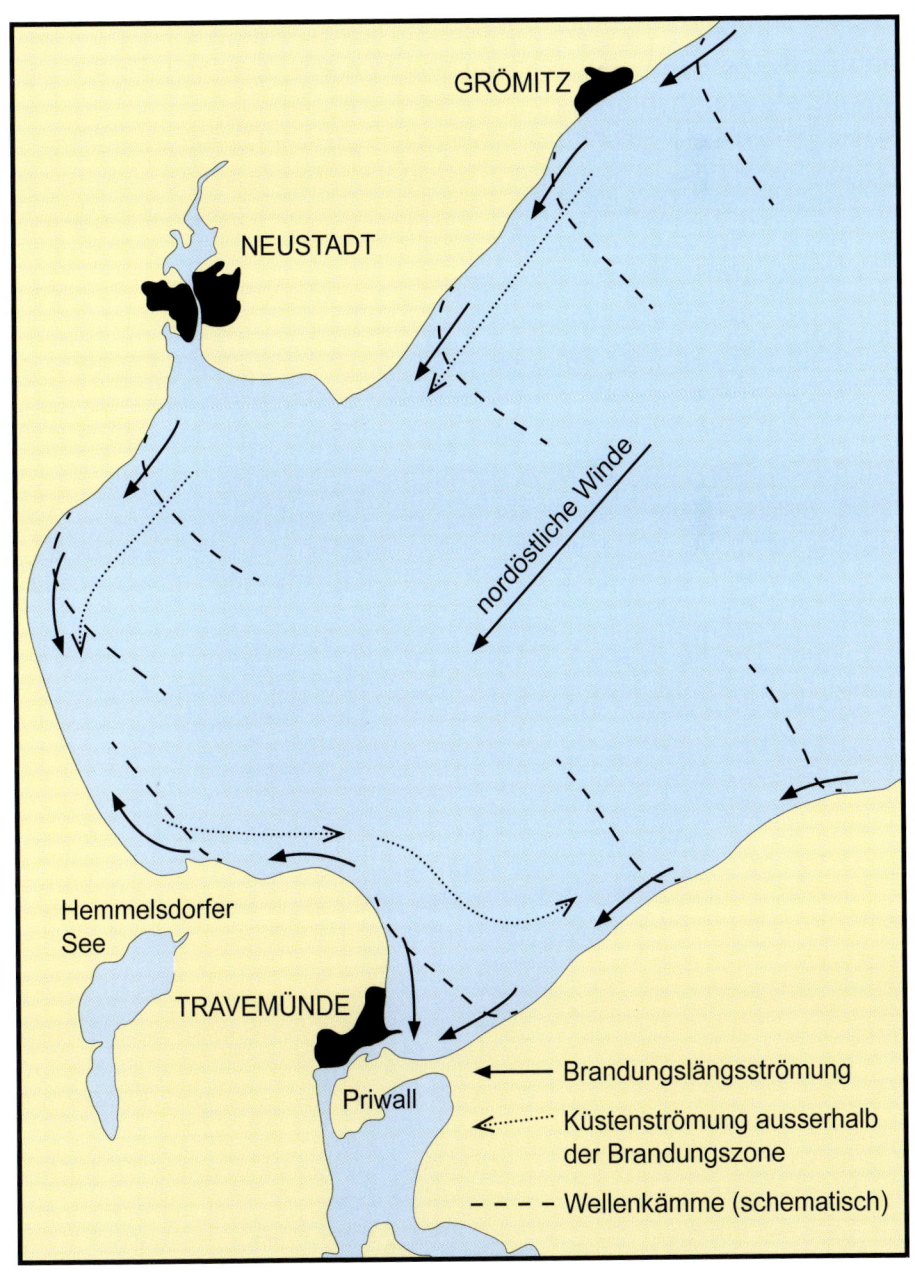

GRÖMITZ

NEUSTADT

nordöstliche Winde

Hemmelsdorfer
See

TRAVEMÜNDE

Priwall

←——— Brandungslängsströmung

←·········· Küstenströmung ausserhalb
der Brandungszone

– – – – Wellenkämme (schematisch)

Quelle: entnommen aus L. Magaard, Meereskunde der Ostsee,
Springer Verlag 1974, Abb. 3 / S.14 – „Strandnahe Strömungen in der
Lübecker Bucht bei Nordost-Winden"

Die Richtung der Brandungsströmung wie auch der Küstenströmung außerhalb der Brandungszone hängt von der Küstenform und der jeweiligen Windrichtung ab. Sie kann mit dem Wind im gleichen Küstengebiet die Richtung wechseln. In Buchten ist sie meist buchteinwärts gerichtet, da nur in die Bucht hineinwehende Winde wirksam werden können.

Die Brandungslängsströmung vermag das von Wellen und Brandung aufgewirbelte Material entlang der Küste zu verfrachten, bis es an ruhigeren Stellen wieder zur Ablagerung kommt. So kommt es zum Küstenausgleich, d.h. Abtragen von Landzungen und Ablagerung von Material in Buchten.

Auch wenn Wind und Welle abgenommen haben, setzt die Strömung noch weiter nach. Häufig kann man sie auch vom Strand aus identifizieren, wenn das Wasser einen Streifen mit einer sehr glatten Oberfläche aufweist und es sonst deutlich gekräuselt ist.

Wer zum Thema Wetter, Strömungen etc. mehr erfahren möchte, dem sei das **Buch „Naturverhältnisse Ostsee"** ans Herz gelegt.

3.4 TAGESZEITEN

Es zeigt sich immer wieder, dass sich hier nicht einfach eine Regel ableiten lässt, denn grundsätzlich kann die Meerforelle täglich 24 Stunden und praktisch über das ganze Jahr hinweg gefangen werden.

Dennoch haben sich einige einfache Erfahrungswerte herauskristallisiert:

- Im Winter, wenn die Wassertemperatur unter 4°C liegt, ist das beste Zeitfenster zwischen 10:00 und 14:00 an sonnigen Tagen. Dann erwärmt die Sonne die flachen Bereiche etwas, so dass sich ein entscheidender Temperaturunterschied ergibt.

- Wenn Ende April / Anfang Mai die Hornhechte eingetroffen sind, ist die Meerforelle am effektivsten in den Morgen- und Abendstunden zu befischen.

- Im Frühjahr fischen einige Reviere in den frühen Morgenstunden besonders gut. Diese Erfahrung wird gerade in Südschweden und auf Bornholm immer wieder bestätigt.

Alle Erfahrungswerte können nicht allgemein gültig sei – auch nicht die oben angesprochenen - denn es gilt: keine Regel ohne Ausnahme. So gibt es einige Spezialisten, die die beste Zeit für die Nachtfischerei im Februar / März halten und dabei auch einige Erfolge vorweisen können.

Dabei beschränkt sich der Erfolg auf die wenigen, sehr milden Winter, in denen die Wassertemperatur praktisch nicht unter 4°C absinkt. Andere sehen dies völlig anders und halten die Nachtfischerei nur im Sommer für den richtigen Ansatz, da sich tagsüber im Sommer kaum eine Meerforelle überlisten lässt. Es zeigt sich aber immer wieder, dass die Meerforelle auch in den Sommermonaten am Tage sehr gut gefangen werden kann. Lange Zeit haben dies bloß nur wenige Angler ausprobiert und eine scheinbar feste Regel als Tatsache akzeptiert. Claus Eriksen vertritt seit längerem die Meinung, wenn er nur eine Woche im Jahr fischen dürfte, dann wäre dies Ende Juni.

Wenn Sie nachts einen Versuch unternehmen wollen, noch einige Tipps zur Nachtfischerei:

- Nutzen Sie dunkle / schwarze Köder oder Fliegen, die eine gute Silhouette im Wasser gegen den Nachthimmel abgeben.

- Fischen Sie im oberen Drittel der Wassersäule bzw. oberflächennah.

- Schauen Sie sich den Angelplatz bei Tage genau an, so dass Sie den Watweg auch in der Nacht im Griff haben.

- Fischen in hellen Nächten und bei Vollmond ist von Vorteil, da auch die Meerforelle das wenige Restlicht bei der Jagd gern zu ihrem Vorteil nutzt.

3.5 TYPISCHE STRANDABSCHNITTE

Wer beginnt, sich mit der Meerforellenfischerei ernsthaft zu beschäftigen und seine erste Reise an die Ostseeküste plant, fragt sich sehr schnell wie der typische Meerforellenplatz denn wohl aussieht. Als Antwort bekommt man häufig den Leopardengrund genannt. Damit ist ein abwechslungsreicher Küstenabschnitt mit einem Untergrund gemeint, bei dem sich Tangwälder, Steine und kleine sandige Flächen abwechseln. Und es steht außer Frage, dass dies auch immer ein viel versprechender Angelplatz sein wird.

Der erfahrene Meerforellenangler weiß aber um die Vielfalt an Küstenlinien und Untergründen, die ebenfalls einen Versuch wert sind.

Vorab noch ein Tipp zur Einschätzung der Wassertiefe vor einem Strandabschnitt, welche sich recht gut anhand der angespülten oder sichtbaren Unterwasserpflanzen ableiten lässt:

1. BLASENTANG

Die gelbbraunen bis olivbraunen Pflanzen sind mit ihren charakteristischen luftgefüllten Blasen von anderen Tangarten leicht zu unterscheiden. Der Blasentang wächst in der Ostsee in Tiefen von 0 bis 5 Metern. Seine Haftwurzeln umklammern Steine, weshalb bei seinem Vorkommen stets auf steinigen Grund geschlossen werden kann.

2. GRÜNES SEEGRAS

Deutet auf eher sandigen Grund und auf Tiefen von etwa 2 bis 8 Metern hin.

3. ROTALGEN-BÜSCHEL

Angeschwemmte Rotalgen-Büschel weisen auf kiesigen Grund und auf Tiefen von 10 bis 15 Metern hin.

4. GEMEINE MEERSAITE

Sie bildet braune bis olivfarbene, oft bis zu 2 Meter lange Schnüre, die sich nicht verzweigen und bis 5mm dick sind. Auch diese Pflanze benötigt steinige Untergründe, um sich mit ihren Haftwurzeln festkrallen zu können. Sie deutet auf Zonen hin, die 8 bis 15 Meter tief sind.

a) FLACHE BUCHTEN MIT WEICHEM UNTERGRUND

Flache Buchten mit weichem Untergrund sind im Winter und zu Beginn des Frühjahres, wenn die Wassertemperaturen noch deutlich unter 4°C liegen, Plätze, an denen sich immer wieder Meerforellen einstellen. Gerade wenn sich an sonnigen Tagen die Wassertemperatur leicht erhöht, besteht immer eine gute Chance z.B. auf Grönländerschwärme zu treffen. Das Waten kann aufgrund des weichen Untergrundes etwas mühselig sein. Im restlichen Jahr fischen andere Stellen besser.

b) BUCHTEN / OFFENE KÜSTE MIT STEINEN UND TANGWÄLDERN

Der typische Leopardengrund ist durch einen vielfältigen und strukturreichen Untergrund geprägt, der viele Krebstierchen, Garnelen und Jungfischen Lebensraum und Deckung gewährt. Dies zieht natürlich auch die Meerforellen magisch an und so sind sie an solchen Küstenabschnitt mit schöner Regelmäßigkeit anzutreffen. Wenn im Frühjahr die Wassertemperatur 6°C überschritten hat, entsteht überall reichhaltiges Leben und der Tisch ist für die Meerforellen reich gedeckt. Auch im Herbst, nachdem sich das Wasser wieder leicht abgekühlt hat, kann hier die Meerforelle von dem reichhaltigen Nahrungsangebot profitieren und sich die Reserven für den Winter anfressen.

c) STEILKÜSTEN

Küstenbereiche mit einer Steilküste sind alleine schon landschaftlich reizvoll zu beangeln.

Steilküsten verändern sich beständig durch Erosion und durchsickerndes Regenwasser. Das Gemisch aus Sand, Ton, Lehm und eiszeitlichem Geschiebemergel rutscht so immer wieder den Steilhang hinunter. In der Brandungszone wird das abgerutschte Material rasch gesiebt und sortiert. Die Steine bleiben liegen, das fein gemahlene Strandgut wird durch die Strömung davongetragen. So bilden sich im Laufe der Zeit vor den Steilküsten am Ufersaum ausgedehnte Geröllhalden. Das Geröll erstreckt sich in die See

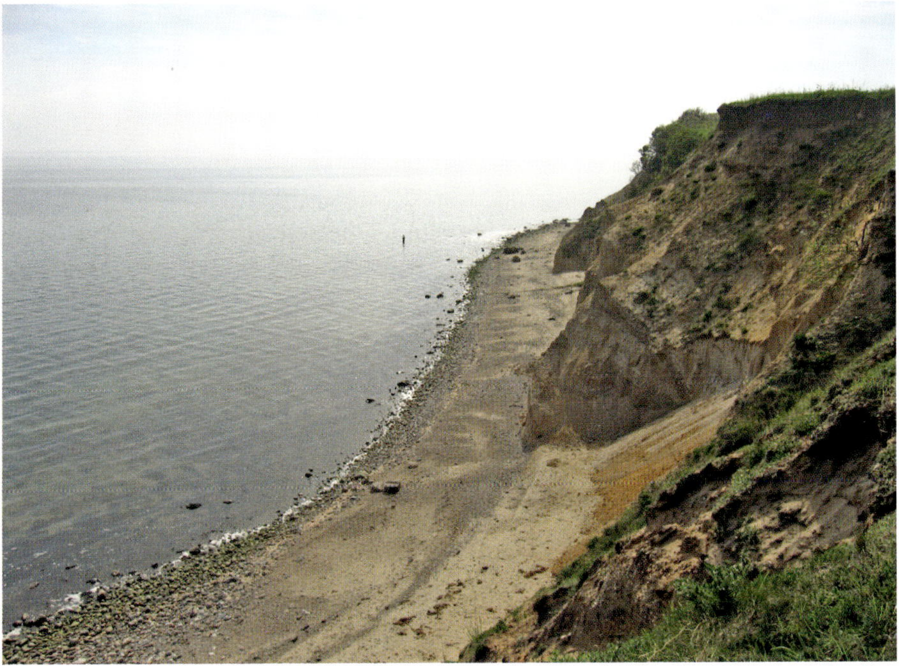

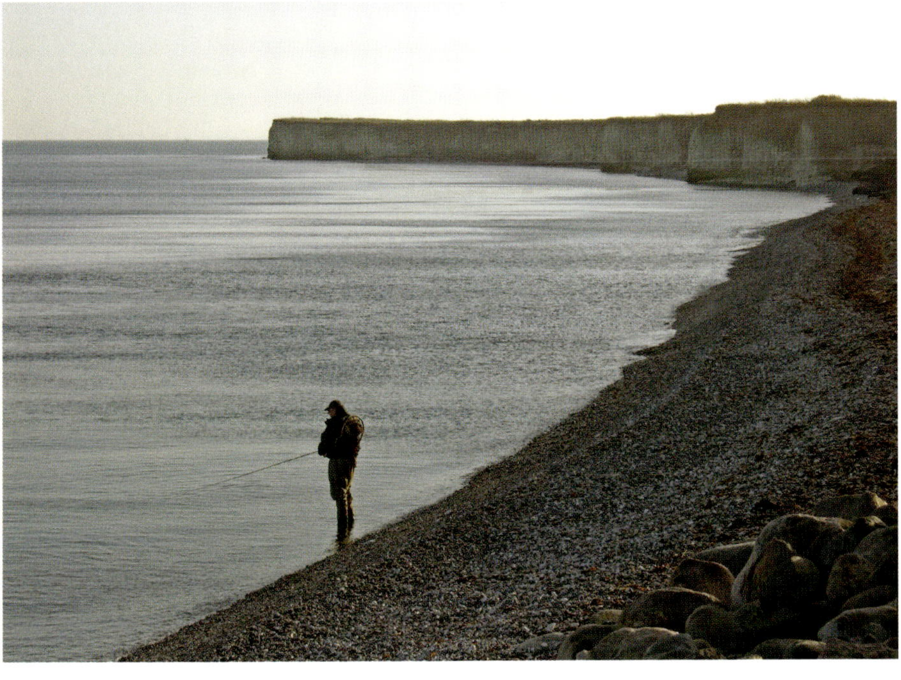

hinaus und wird dann in einiger Entfernung vom Ufer allmählich von Sand und Kies bedeckt.

Vor Steilküsten, die viel Lehm, Ton oder gar Kreide enthalten, ist das Wasser häufig angetrübt.

Der breite Stein- und Geröllstreifen ist vorwiegend mit Tangwäldern durchsetzt und bietet den Meerforellen ein sehr gutes Jagdrevier. Häufig befindet sich vor Steilküsten auch strömungsreiches Wasser. An den Landspitzen haben sich sehr interessante Steinriffe gebildet. Fällt der Strand vor der Steilküste steil ab, dann können Sie hieraus ableiten, dass sich dies im Wasser genauso fortsetzt und Sie tiefes Wasser vor sich haben. Die Südspitze von Langeland ist hierfür ein gutes Beispiel.

d) „BADEWANNEN"

Badewannen lassen sich vereinzelt, aber mit schöner Regelmäßigkeit, an der offenen Küste finden. Sie entstehen zwischen dem eigentlichem Strand und großen Sandbänken oder vorgelagerten

© COWI

Steinriffen, die parallel zum Strand liegen. Die permanente Brandung hat vor dem Strand eine tiefere Rinne ausgespült und Steine und Geröll freigelegt, an denen sich meist Blasentang oder auch Seegras angesiedelt haben.

Wenn diese Badewannen ausreichend breit sind, dann finden sich auch Meerforellen ein. Ideale Bedingungen zum Befischen finden sich im Frühjahr, wenn im flacheren Wasser sich zuerst die Nahrung einfindet. Wenn zusätzlich eine leichte Welle in die Badewanne setzt, sollten Sie unbedingt am frühen Morgen einen Versuch wagen, denn meist stellt sich die Meerforelle über Nacht dort ein. Waten Sie möglichst nicht ins Wasser, sondern befischen Sie die Badewanne direkt vom Strand aus.

Wenn die Badewanne besonders groß / tief ist, bestehen auch über den restlichen Tag noch gute Chancen, eine Meerforelle zu überlisten.

e) LANDZUNGEN UND STEINRIFFE

Landzungen und ins Meer hinauslaufende Steinriffe stellen weitere charakteristische Stellen dar, die gezielt befischt werden sollten.

Links und rechts haben das Meer und die Brandung meist zu tieferen Ausspülungen geführt. Diese Bereiche sollten gerade auch am frühen Morgen zuerst und am besten direkt vom Strand abgefischt werden. Hier konzentriert sich häufig Nahrung und es stellen sich über Nacht regelmäßig Meerforellen ein. Erst nachdem man diese Bereiche systematisch abgeklopft hat, sollte man sich auf das Riff begeben und dieses fächerförmig abfischen.

Besonders spannend wird es, wenn eine spürbare Strömung über das Riff oder quer vor der Landspitze setzt. Passen die Wassertemperaturen und ist ausreichend Nahrung vorhanden, werden sich hier über kurz oder lang jagende Meerforellen einstellen.

f) RIFFE, MUSCHELBÄNKE PARALLEL ZUM STRAND

Häufig verlaufen auch Riffe und Muschelbänke parallel zum Strand und sind gut zu befischen. Diese stellen markante und meist nahrungsreiche Bereiche dar, die sehr gerne von Meerforellen besucht werden. Auch hier entstehen Strömungsunterschiede, so dass Nahrung frei gespült wird. Diese Küstenabschnitte sollten besonders konzentriert abgefischt werden.

Gerade auch dort, wo sich Muschelbänke bilden, ist das Wasser besonders sauerstoffreich, was für Muscheln zwingend notwendig ist. Gerade in der warmen Jahreszeit stellen die angespülten Muscheln einen guten Indikator für den möglichen Aufenthalt von Meerforellen dar.

g) SEEGRASWIESEN

Seegraswiesen entwickeln sich häufig in strömungsreichen Förden (z.B. Alssund) und zählen zu den nahrungreichhaltigsten Zonen in der Ostsee. Eine gesunde Seegraswiese bietet einer enormen Vielfalt von Lebewesen wie Krebstieren, Garnelen, Mysiden und Jungfischen schützenden Lebensraum.

Somit ist es naheliegend, dass sich hier auch immer wieder Meerforellen aufspüren lassen. Reicht das Seegras bis dicht an die Wasseroberfläche ist der Spirulino- oder der Fliegenfischer im Vorteil. Tagsüber produzieren diese Seegraswiesen durch Photosynthese reichlich Sauerstoff. Nachts ist dies anders, dann benötigen die Pflanzen selbst Sauerstoff und entziehen ihn aus der Umgebung. Dann sinkt der Sauerstoffgehalt des Wassers, so dass man Meerforellen nachts selten in den Seegraszonen finden wird.

h) TIEFES WASSER DIREKT UNTER LAND

Plätze mit tiefem Wasser von mehr als 5 Metern in Wurfweite finden sich eher selten und fallen häufig mit markanten Punkten zusammen. Viele derartiger Stellen finden sich in Ostjütland / Djursland an der offenen Kattegatküste. Prädestiniert sind solche Stellen immer dann, wenn Strömung und Wassertemperatur für die passenden Bedingungen sorgen.

Im Winter und Frühjahr drückt ablandiger Wind das kältere Oberflächenwasser weg und wärmeres Tiefenwasser führt zu einem spürbaren Temperaturunterschied, der entscheidend sein kann, dass Meerforellen verstärkt an dieser Küstenlinie auftauchen. Im Sommer führt die gleiche Situation dazu, dass es für die Meerforelle zu angenehmeren, kühleren Wassertemperaturen kommt.

Markante Küstenlinien wie Landzungen sind aber in der Regel erfolgversprechender, da hier mehr Nahrung vorhanden ist, und sich die Meerforellen nicht so weit verteilen, wie an einer gleichförmigen Küstenlinie.

© Heiko Döbler

i) FELSENKÜSTEN

Felsenküsten finden sich z.B. im Norden von Bornholm oder in Südschweden (z.B. Blekinge).

Hier ist eine Fischerei meist nur direkt von den Felsen aus möglich, da das Wasser einfach zu tief ist. Interessant sind immer Stellen, die markant die Küstenlinie unterbrechen. Hierzu gehören größere Buchten, die mit flacheren Bereichen und Tangwäldern für eine Nahrungskonzentration sorgen. Des Weiteren sind weiter ins Wasser hinausragende Felszungen, Rinnen und Untiefen interessant. Ohne diese Anziehungspunkte ist es erfahrungsgemäß schwer die Meerforellen zu finden, die sich weit verteilen oder auch außerhalb der Wurfweite aufhalten.

An solchen Felsküsten sollte man besonders auf die persönliche Sicherheit achten, denn wenn man hier ins Wasser rutscht, wird es sehr schwer, wieder an Land zu klettern.

j) STEINIGER UNTERGRUND / GROSSE STEINE IM WASSER

Küstenlinien mit vielen großen Steinen und einzelnen großen Felsbrocken sind schwer zu bewaten, aber umso aussichtsreicher zu befischen. Typisch hierfür sind Küstenabschnitte auf Rügen und Bornholm, sowie in Südschweden. In Dänemark finden sich solche Abschnitte eher selten.

Diese steinreichen Küsten sind reich an Tangwäldern und Nahrung wie z.B. Tangläufern, Garnelen und Jungfischen. Aber auch hier gilt es, markante Punkte zu finden bzw. diese Küstenlinien konzentriert nach Meerforellentrupps abzusuchen.

k) „LANGWEILIGE" SANDGRÜNDE UND SANDBÄNKE

Strandabschnitte mit Sandgründen sehen im ersten Moment nicht gerade vielversprechend aus. Trotzdem beherbergen solche Untergründe durchaus Nahrung für die Meerforelle. So leben hier die Sandgarnele, die Sandgrundel oder auch der Sandaal. Gerade der Sandaal, der im Frühjahr zurück in die flacheren Bereiche zieht, ist hier eine bevorzugte Jagdbeute. Hilfreich ist dann auflaufende Welle und leicht angetrübtes Wasser. Sollten einzelne Steine oder Kieselsteinfelder für Abwechslung sorgen, sind dies die Plätze, die besonders intensiv befischt werden sollten.

Sandbänke und die dazwischen liegenden Rinnen sind weitere interessante Plätze, an denen sich Nahrung konzentriert und häufig eine Strömung setzt.

Natürlich leben auf den Sandgründen auch viele Wattwürmer, die meistens im Sand vergraben und so für die Meerforelle nicht erreichbar sind. Bei starkem Wind und einer entsprechend hohen Brandung kann es aber dazu kommen, dass viele Wattwürmer aus dem Untergrund gespült werden. Dies geschieht unweit des Strandes, da dieser Effekt erst dort entsteht, wo die auflaufende Welle den Grund berührt und eine entsprechende Wirkung entfaltet. Die frei gespülten Wattwürmer treiben dann herum und konzentrieren sich in der ersten Rinne vor dem Spülsaum. Wird das Wasser wieder sichtig bzw. lässt der Wind und die Brandung ein Befischen zu, dann können

Sie vom Strand fischend überraschende Sternstunden erleben. Aber bloß nicht zu früh ins Wasser waten.

Beachtet werden sollte, dass Sandbänke sich gerade über das windreiche Winterhalbjahr zum Teil sehr stark verändern. Man kann sich also nicht darauf verlassen, dass der Watweg zur Sandbank im nächsten Frühjahr sich genauso darstellt, wie er noch im Herbst selbstverständlich beschritten werden konnte.

l) BUHNEN

Buhnen finden sich an vielen Küstenabschnitten insbesondere der norddeutschen Ostseeküste. Sie haben die Aufgabe den Abtransport von Sand durch küstenparallele Strömung zu verhindern und bilden dabei künstliche Steinriffe und Buchten aus, die wiederum Nahrung und damit die Meerforelle anzieht. Bei auflaufender Welle entsteht um die Buhnenköpfe eine Strömung, die Nahrung frei spült. Die besten Stellen liegen um die Buhnenköpfe und zwischen den Buhnen, nämlich dort wo sich im Strömungsschatten die Nahrung konzentriert.

m) QUELLEN

Quellen, die am Meeresgrund austreten, sind schwer zu finden. Finden kann man sie insbesondere dort, wo Steilküsten erkennen lassen, dass in diesem Bereich der Grundwasserspiegel überdurchschnittlich hoch ist. Dann sind die unteren Bereiche der Steilküste sichtbar durchfeuchtet oder es treten kleine Rinnsale aus. Ggf. können Sie ein leichtes Kräuseln auf der Wasseroberfläche erkennen, das durch die Quellströmung und durch Dichteunterschiede zwischen Süß- und Salzwasser entsteht.

Für die Meerforellen ist im Wesentlichen der Temperaturunterschied ein Anziehungspunkt. Im Winter ist es dort wärmer und im Sommer kühler.

n) FJORDMÜNDUNGEN

Fördemündungen haben aus verschiedenen Gründen sehr gute Angelplätze. Denn teilweise sind dies die Stellen, an den rein und raus schwimmende Fische dicht vorbeiziehen und andererseits treffen hier Süß- und Salzwasser zusammen. Hier konzentriert sich oft Nahrung und Strömungen verändern die Wassertemperaturen. In manchen Förden ist es auch möglich bis zur Fahrrinne zu waten.

o) INNENFÖRDEN

Eine Innenförde lässt sich durch weichen, schlammigen Grund und geringen Salzgehalt charakterisieren. Oft münden Flüsse und Bäche in die Förde, die das Wasser brackig werden lassen. Geringer Wasseraustausch kombiniert mit windgeschützten Stellen ergibt einen sehr nahrungsreichen Untergrund, wodurch die Meerforelle gerade in den Wintermonaten angezogen wird. Im kalten Wasser hat die Meerforelle dann einen passenden, geringen Salzgehalt und viel Nahrung.
Allerdings sind diese Stellen vom späten Frühjahr an, wenn die Sonne das Wasser deutlich erwärmt hat, uninteressant, denn der schlammige Boden beginnt zu verrotten, was den Sauerstoffgehalt empfindlich reduziert.

p) FAHRRINNEN

An steilen Rinnen sammeln sich gern Fische. Je steiler und tiefer diese Rinnen sind, desto erfolgreicher wird das Angeln.

Die Rinnen selbst sind für die Meerforelle nicht sehr interessant. Dagegen ist der Übergang von flachen zum tiefen Wasser umso interessanter, da diese Bereiche sehr gern von kleineren Fischen aufgesucht werden.

Heringe ziehen jedes Jahr in geschlossene Förden, um zu laichen und dabei halten sie sich sehr oft an diesen Kanten auf.

q) UNTERWASSERABBRÜCHE / STEILE KANTEN

Viele Kanten nahe Fahrrinnen sind allerdings vom Watangler nicht erreichbar. Jedoch haben Landzungen häufig viele und gut erreichbare steile Abbrüche.

Mitten in geschlossenen Förden findet man oft solche steilen Abhänge, die während der letzten Eiszeit entstanden sind. Auch wenn diese Kanten nur bei Niedrigwasser zu erreichen sind, lohnt sich dort die Fischerei, da man auf jagende Meerforellen treffen wird.

4. STRATEGIEUMSETZUNG

In Kapitel 2 und 3 sind alle wichtigen Komponenten beschrieben, die einen Einfluss auf den Fangerfolg haben.

Auch wenn sich die Meerforelle nicht auf „Ansage" fangen lässt, was einen nicht unerheblichen Reiz der Meerforellenfischerei ausmacht, ist das Wissen um die gesamte Materie schon ein ganz großer Schritt, um die schönen Stunden an der Ostseeküste zu versilbern.

4.1 IM NEUEN REVIER

Diejenigen von uns, die das Glück haben, an der Küste zu wohnen, kennen natürlich ihr Revier bestens. So kann der interessierte „Local" aus einer reichen Erfahrung schöpfen und weiß in der Regel recht genau, unter welchen Bedingungen und zu welcher Jahreszeit sich die Meerforelle aufhält. Und wenn nicht? Dann ist das nicht allzu tragisch, denn er ist in einer halben Stunde wieder zu Hause und kann es in ein paar Tagen erneut probieren.

Viele von uns wohnen aber etwas weiter weg von Küste und müssen ein paar Urlaubstage investieren, um der Leidenschaft der Meerforellenfischerei nachgehen zu können.

Viele fahren dann gern immer wieder in das gleiche Revier, da jeder Urlaub es etwas leichter macht, vor Ort die Meerforelle wieder zu finden. Aber auch in solchen Fällen, können die Rahmenbedingungen dazu führen, dass die Fischerei sich „diesmal" schwieriger gestaltet. Ist der Meerforellenangler das erste Mal in einem Revier, stellt sich unmittelbar die Frage, wie lässt sich das Revier am besten erschließen?!

Bevor man in das neue Revier startet, besteht schon einmal die Möglichkeit sich verschiedene Informationen einzuholen:

- Bei Anglerfreunden nachfragen, die das Revier schon befischt haben.
- Karten der Küstenlinie studieren, um markante Stellen einzugrenzen.
- Kurz vorher sollte die Wetterlage etc. beurteilt werden. Auf der dänischen Internetseite www.dmi.dk finden Sie die besten

Informationen über die Wetterlage, Strömungskarten und die Wassertemperatur.
- Vor Ort kann sich der Besuch beim Angelhändler lohnen, um zumindest einen Überblick zur aktuellen Fangsituation zu erhalten.

Dies alles gibt Ihnen bereits einen ersten Eindruck. Aber vor Ort ist es dann doch immer ein bisschen anders, als man es sich vielleicht vorgestellt hat.

Eine sehr fundierte Revierinformation geben wir Ihnen in den Angelführern von North Guiding.com.

Hier finden Sie alle revierspezifischen Informationen, um sich schnell und erfolgreich im neuen Revier zurecht zu finden:

- Revierüberblick und –strategie
- Wichtige Überblickskarten
- Detaillierte Beschreibung von Angelplätzen mit den besten verfügbaren Luftbildaufnahmen
- Anfahrtsbeschreibung, klare Informationen zu Schutzzonen

Auf den Luftbildern können Sie Bodenstrukturen, Riffe, Badewannen, Steinformationen, Tangwälder, Muschelbänke und Strömungsrinnen sehr gut erkennen, die Sie vom Strand aus z.T. nur schwer einschätzen können. Das Luftbild verrät Ihnen auch die markanten Stellen, die Meerforellen gerne anlaufen, an scheinbar langweiligen Stränden.
Die Luftbilder stellen den jeweils aktuellsten, verfügbaren Stand dar und sind von ihrer Qualität deutlich besser als Alternativen, die sonst frei im Internet zugänglich sind. Denken Sie aber daran, dass heftige Stürme / Strömungen Bodenverhältnisse verändern können. Gerade Sandbänke unterliegen immer wieder Veränderungen.
Keine noch so gute Graphik kann ein vernünftiges Luftbild ersetzen, das Ihnen die beste Möglichkeit bietet, einen Küstenstrich realistisch zu beurteilen.

Auf der gegenüberliegenden Seite sehen Sie als Beispiel ein Luftbilds von Tranerodde auf der Insel Als.

Tranerodde

Luftbild © COWI

N

P

skærveagervej

240m

700m

4.2 PLATZWAHL – BEOBACHTEN / ÜBERLEGEN / FANGEN

Von der Platzwahl hängt im Wesentlichen der Fangerfolg ab. Im Großen und Ganzen bestätigt sich die folgende Gleichung immer wieder:

Fangerfolg = 70% Platzwahl
+ 20% gute Köderpräsentation
+ 10% richtige Köderwahl

Über die Prozentwerte kann man trefflich streiten, aber die grundsätzliche Gewichtung wird Bestand haben. Mit der Auswahl der richtigen Strände optimieren Sie am ehesten den Fangerfolg. Es lohnt sich nicht, mehrere "Kilogramm" Blinker und Wobbler mitzuschleppen.

Bevor man sich nämlich am nächstgelegenen Strand wiederfindet und den ersten Tag mit einer „Nullnummer" beendet, macht es Sinn, sich gut zu überlegen, welchen Platz man zuerst ansteuert.

Aber wie geht man in einem neuen Revier am besten vor?!

Lassen Sie uns eine typische Situation durchspielen:

Vier Angelfreunde fahren in der zweiten Märzhälfte erstmals nach Bornholm. Alle haben schon ein bisschen Erfahrungen und haben die eine oder andere Meerforelle bereits überlisten können. Sogar zwei Fliegenfischer haben wir mit in der Gruppe. Nach einer weiten Anreise ist Bornholm und bald auch das Ferienhaus erreicht.

Ein frischer West-/Nordwest-Wind weht seit einigen Tagen und die Lufttemperatur erreicht knapp 10°C. Die Wassertemperatur liegt im Schnitt bei knapp 4°C. Die Jungs sind im Südosten der Insel in einem typischen Ferienhausgebiet untergebracht und sitzen nun am Tisch und schauen auf die Bornholmkarte. Die Insel ist nicht klein, die Küstenlinie lang und man fragt sich, wo am morgigen Tag ein guter Start hingelegt werden könnte. Soll es gleich einmal in die Salene Bucht gehen oder soll lieber ohne große Fahrerei am „Hausstrand" der Einstieg gefunden werden?!

FRAGE 1:
WAS LEGT DIE JAHRESZEIT NAHE?

Der März kann noch sehr kritisch sein, denn er schwankt häufig zwischen dem Winter und dem Frühjahr. Die Wassertemperatur liegt mit 4°C in einem Bereich, wo die Frühjahrsfischerei erst so langsam beginnt. Auch das Nahrungsangebot ist noch überschaubar. Erst einmal bieten sich Küstenabschnitte oder Buchten an, die etwas flacher sind und die Chance für die Meerforelle etwas höher liegt, Nahrung zu finden.
Die Jungs am Tisch entscheiden sich dafür, den Nordteil der Insel mit seiner Felsenküste und dem tiefen Wasser für morgen nicht in Betracht zu ziehen.

FRAGE 2:
WIE IST DIE SITUATION BZGL. DER WASSERTEMPERATUR?

Im Schnitt liegt die Wassertemperatur um 4°C .
Aber gerade um Bornholm kommt es im Frühjahr an den verschiedenen Inselseiten zu spürbaren Temperaturunterschieden. An der gesamten West- und Südseite sollen die Wassertemperaturen bei 3°C bis 4°C liegen. Der Wind kommt weiterhin mit 5 Windstärken aus West-Nordwest. Vor der Südostseite der Insel zeigt sich aber ein großer Bereich mit einer Wassertemperatur von ca. 5 Grad. Der Temperaturunterschied von 2°C kann um diese Jahreszeit einige Bedeutung haben.
Also die Südostspitze scheint schon einmal ganz interessant zu sein.

FRAGE 3:
WELCHE NAHRUNG WIRD BEI DER MEERFORELLE AKTUELL IM FOKUS STEHEN?

Das Nahrungsangebot im Küstenbereich ist noch sehr überschaubar. Die großen Überspringer jagen im Bornholmer Becken die Brislinge und treffen dabei auf die großen Ostseelachse. Die Überspringer kommen noch am ehesten in die Küstengewässer, wo tiefes Wasser nicht weit weg ist.
In den Tangwäldern finden sich reichlich Tangläufer, die auch bei

diesen kalten Wassertemperaturen unterwegs sind. Den Garnelen ist es noch ein bisschen zu kalt und so verharren die meisten noch im tieferen Wasser. Die ersten Sandaale sind aber aktiv und pendeln in kleinen Schwärmen zwischen dem tieferen Wasser und den küstennahen Bereichen. Viel mehr Nahrung bietet sich den Meerforellen noch nicht.

Die Spinnfischer werden also mit schlanken Blinkern, die den Sandaal imitieren, starten. Die Fliegenfischer schwanken zwischen Tangläufer-Fliege und der Polar-Magnus.

FRAGE 4:
WAS LÄSST SICH AUS DER WIND- UND WETTERSITUATION ABLEITEN?

Wieder wird auf die Übersichtskarte von Bornholm geschaut. Ein Kugelschreiber wird, in Windrichtung ausgerichtet, auf die Karte gelegt.

Also wir haben schon einige Tage den West-Nordwest-Wind mit einer stabilen Welle auf die West- und Südküste. Die Welle kann vor Bornholm überraschend hoch und kräftig sein.

Klar ist, dass entlang der Südküste eine spürbare Strömung entstanden sein muss, die in östliche Richtung führt. Die Südostspitze der Insel verursacht einen Landeffekt, der Welle und Strömung leicht nach Nordost umlenkt.

FRAGE 5:
WELCHE ANGELPLÄTZE VERSPRECHEN ERFOLG?

Welche Plätze sollen nun am morgigen Tag angesteuert werden. Die Diskussion ergibt, folgende Strategie:

- Am Morgen soll am Hausstrand (Broens Odde / Südost-Seite) der erste Versuch gestartet werden, um noch schnell im Ferienhaus frühstücken zu können.
- Als zweites soll es an die Südküste gehen – Sose Odde oder Flughafen.
- Der Tagesabschluss soll nach Svenske Hafen führen (Südostseite Bornholms, aber nördlicher gelegen als der erste Platz).

Um 7:00 morgens steht die Gruppe gemeinsam am Strand von Broes Odde.

Die Wassertemperatur wird mit 4°C gemessen. Es wird bis 9:30 gefischt und der Fliegenfischer kommt zurück zum Parkplatz mit zwei schönen Grönländern. Die Tanglopper-Fliege hat gleich einen guten Start hingelegt.

Am Flughafen angekommen, blies den Jungs eine kräftige Brise auf der hohen Steilküste entgegen und von unten konnte man die auflaufende Brandung deutlich hören. Für die Fliegenfischer sah es schwer aus, aber sie wollten zumindest in der nächsten Stunde den Spinnfischern eine Chance einräumen. Es waren Spinnköder von mindestens 25 g erforderlich, um „durch den Wind" zu kommen. Nach einer halben Stunde gab es einen kräftigen Anfasser, aber der Fisch verabschiedete sich mit ein paar Kopfschlägen nach wenigen Sekunden.
Im Laufe des Nachmittags ging es dann an die Ostküste, um bei Svenske Hafen einen Versuch zu starten.
Bis zum frühen Abend fischte die Gruppe und es konnten zwei weitere Fische überlistet werden. Die Runde war sich einig, dass hier am nächsten Tag ein weiterer Versuch gestartet werden soll, denn der Platz war mit einer Wassertemperatur von 4,5°C und einer noch spürbaren Strömung viel versprechend.

Na klar, nicht jeder erste Tag in einem neuen Revier führt gleich zu einem Erfolg. Wichtiger ist aber, dass dieses reale Beispiel dazu verhelfen soll, die zentralen Grundüberlegungen zu verdeutlichen, die zu einer guten Platzwahl verhelfen können.
Es macht auch viel Sinn, nicht nur eine sondern zwei bis drei Stellen am Tag zu probieren. Ist ein Angelplatz dabei, der eine grundlegend andere Küstenlinie oder auch eine andere Windsituation hat, kann dies auch sehr hilfreich sein. Denn es gibt beim Meerforellenangeln immer wieder Überraschungen.
Aber Sie sollten jedem Platz eine Chance geben und 2 - 3 Stunden in ihn investieren, um diesen Platz kennen zu lernen und ggf. verschiedene Strategien auszuprobieren. Ein hektischer und zu

häufiger Platzwechsel führt selten zum Erfolg und geht im Zweifel zu Lasten des Selbstvertrauens in die richtige Platzwahl.

Auch der Ansatz, nahezu den ganzen Tag an einem Angelplatz zu verweilen, hilft Ihnen nur sehr begrenzt weiter das Revier und die lokalen Gegebenheit vernünftig einschätzen zu lernen.

Der sich aus solchen Überlegungen und den sich einstellenden Erfolgen ergebende Erfahrungsschatz ist es, der das erfolgreiche Meerforellenangeln letztendlich ausmacht.

Die Überlegungen werden mit der Zeit immer sicherer bis sich vielleicht sogar ein richtiger „Riecher" entwickelt. Es fällt dann auch immer leichter diese Erfahrungen auf neue Reviere oder auch Situationen zu transferieren, so dass hier sehr schnell der Reiz des Neuen überwiegt, anstatt jahrelang immer den gleichen Küstenstreifen anzufahren.

Kein Fangerfolg ist schöner als der, der durch eigenständige Überlegungen entstand. Der zentrale Punkt ist, dass Sie sich aktiv Gedanken machen und nicht zum Automatenangler werden, der einfach eine beliebige Küstenlinie abarbeitet.

4.3 KÖDERWAHL & PRÄSENTATION

Blinker, Küstenwobbler und Fliegen gibt es in einer reichlichen Auswahl und meist quillt die Köder- oder Fliegenbox über. Jedes Jahr tauchen neue geheime Geheimköder auf und wenn mit diesen von umso mehr Leuten gefischt wird, setzt sich die vermeintliche „Erfolgsgeschichte" bis zur nächsten Durststrecke fort.

Wir wollen hier auch nicht einzelne Marken vergleichen, sondern uns der Sache aus dem Blickwinkel der Meerforelle und ihren Fressgewohnheiten nähern.

Wie bereits beschrieben, gibt es einige wenige Situationen, bei denen die Meerforelle auf eine ganz bestimmte Nahrung fixiert ist.

Aber im Großen und Ganzen ist die Meerforelle opportunistisch veranlagt und lässt sich mit Kunstködern überlisten, die ihr regelmäßiges Nahrungsspektrum imitieren. Trotzdem ist es immer sinnvoll, sich Gedanken darüber zu machen, welche Nahrung wohl zurzeit oder speziell in diesem Küstenabschnitt im Fokus stehen könnte und danach die **Köderwahl** zu treffen.

GRUPPENMUSTER 1 – SANDAAL & HERING

GRUPPENMUSTER 2 – GRUNDELN, STICHLING & BRUTFISCH

GRUPPENMUSTER 3 – BORSTENWÜRMER

GRUPPENMUSTER 4 – GARNELEN & MYSIDEN

GRUPPENMUSTER 5 – TANGLÄUFER & KREBSTIERCHEN

REIZMUSTER & VON DER NATUR ABWEICHENDE FARBGEBUNGEN (Z.B. ROT / SCHWARZ)

Zu Zeiten, in denen die Meerforellen nur wenig fressen, z.B. im Herbst, wenn die Fische eigentlich nur auf die Fortpflanzung eingestellt sind oder in der kalten Jahreszeit, wenn der reduzierte Stoffwechsel weniger Nahrung braucht, versagen manchmal die Fliegen aus dem Kapitel „Imitation und Karikatur". Hier ist dann die Provokation gefragt. Man verlässt die Karikatur, welche Merkmale nur überzeichnet und provoziert mit leuchtenden Farben, Glimmer und Glitter die Meerforellen, sodass diese die Fliege attackieren und gehakt werden können.

DIE FRAGE IST NUN, WANN SOLLTE MAN WELCHE KÖDER AUSWÄHLEN?!

Grundsätzlich gilt die Empfehlung, dass weniger mehr ist. Packen Sie bloß nicht zu viele verschiedene Fliegen oder Blinker / Wobbler in die Dose. Auch ein permanenter Wechsel hilft am Wasser nicht wirklich. Viel besser ist es, den ausgewählten Strand konzentriert zu befischen und im Zweifel zu akzeptieren, dass hier zur Zeit keine Meerforellen da sind oder schlichtweg nicht beißen wollen. Wechseln Sie lieber den Angelplatz, als sich selbst verrückt zu machen.

Natürlich macht es mal Sinn, den Köder zu wechseln, wenn man einen längeren Strandabschnitt für 2 - 3 Stunden befischt und noch keinen Kontakt hatte. Wenn der Köder gewechselt wird, dann sollte nicht schlicht die Farbe gewechselt werden, sondern z.B. von einem langsam laufenden Küstenwobbler auf einen schnell laufenden, schlanken Blinker oder auf eine deutlich andere Gewichtsklasse zurückgreifen.

Der Fliegenfischer wechselt vielleicht von einem kleinen Garnelenmuster auf einen Tobisstreamer. Solange Sie nicht eine der eher wenigen kniffligen Tage erwischen, an denen die Meerforelle sich auf ein bestimmtes Nahrungsangebot fokussiert hat, können Sie davon ausgehen, dass Sie die Meerforelle an den Haken bekommen oder zumindest einen deutlichen Anfasser spüren werden. Falls dies nicht der Fall ist, dann befindet sich in mehr als 90% der Fälle auch keine Meerforelle im befischten Umkreis. Und hier ist der Platzwechsel die bessere Strategie als wiederholte Köderwechsel oder einfach abzuwarten, bis ein Fisch vorbei zieht.

Der Fliegenfischer hat eine breitere Möglichkeit, als der Spinnfischer, Futtergetier der Meerforelle zu imitieren. Der Spinnfischer kann aber, solange er nicht auf das Fliegenfischen umsteigen möchte, die Option der Springerfliege nutzen, die häufig zu überraschenden Erfolgen führt. Alternativ stellt er auf das Fischen mit dem Spirulino, das immer populärer wird, um.

Vielen Meerforellenfischern mit langjähriger Erfahrung bestätigen übereinstimmend die nachfolgenden Grundregeln:

- Nehmen Sie eine überschaubare Anzahl an Kunstködern / Fliegen mit ans Wasser (eine Box reicht aus).
- Je kälter das Wasser ist, desto häufiger sollten Reizmuster / Reizfarben genutzt werden (min. 50% der Angelzeit).
- Dunkles Licht / getrübtes Wasser = dunkele Köderfarben.
- Helle Lichtverhältnisse und klares Wasser = helle Köder.
- Eine gute Fliege besteht aus pulsierenden Materialien und ist im Zweifel leicht beschwert, so dass sie jiggt.

Es gibt Experten, die nahezu das ganze Jahr mit einem Fliegentyp oder einem bestimmten Blinker fischen. Und nicht gerade im Sinne der Tackle-Industrie fangen diese Meerforellenangler häufig am besten, denn ihr Erfolgsrezept liegt im Wesentlichen in der richtigen Platzwahl.

Eine gute **Köderpräsentation und -führung** ist ein weiteres Element, das es wert ist, näher betrachtet zu werden. Unterschieden nach den verschiedenen Angeltechniken vertiefen wir dies im Kap. 6.

Unabhängig von der gewählten Angeltechnik zeigt sich erfahrungsgemäß, dass folgende Punkte für den weniger erfahrenen Meerforellenfischer sehr hilfreich sind.

- In jedem Fall ist die Meerforelle schneller als Sie Ihren Köder einholen können.
- Es wird häufig zu oberflächennah gefischt. Erfolgversprechender ist das Mittelwasser - auch beim Fliegenfischen.
- Häufige Variationen beim Einholen oder viele Spinnstopps lohnen erst, wenn man Anfasser / Fehlbisse oder Nachläufer hatte und man ggf. Fische gesehen hat. Ansonsten geht es zunächst darum, Fische zu finden und eine größere Strecke abzufischen.
- Gerade beim Fliegenfischen ist eine saubere Präsentation (gestrecktes Vorfach) viel wichtiger, als krampfhaft eine Maximalweite erreichen zu wollen, weil Meerforellen häufig bereits nach 2 - 3 Sekunden zupacken können.

4.4 VERTRAUEN ENTWICKELN & EFFEKTIV FISCHEN

Viele Meerforellenangler, die gerade etwas weiter weg von der Küste leben, sind von vielen Zweifeln geplagt, wenn Sie nach einer langen Fahrt endlich an ihrem Urlaubsort eingetroffen sind:

- Ich kenne die Geheimplätze nicht, wie kann ich da schon etwas fangen?!
- Bestimmt habe ich den passenden Blinker oder die passende Fliege mal wieder nicht dabei!
- Man müsste weiter auswerfen können!
- usw.

Wenn man sich dann an einer Stelle festbeißt, an der sich gerade heute das zu kalte Oberflächenwasser konzentriert, jede halbe Stunde der Blinker gewechselt oder hektisch jede Stunde „kurz" ein neuer Platz angefahren wird, kann nur schwer etwas daraus werden.

Für ein erfolgreiches Meerforellenfischen ist es unheimlich wichtig, Vertrauen – besser Selbstvertrauen – zu entwickeln und dabei hilft:

- Seinen Lieblingsköder, dem man vertraut, konsequent zu fischen.
- Wenn man sich für einen Strandabschnitt entschieden hat, ihn ausreichend lange und konzentriert zu befischen.
- Besser kurze und konzentrierte Phasen fischen als stundenlanges Marathonangeln.
- Lieber zwei oder drei Strände zu befischen, anstatt an einem Platz auf den Fisch zu warten.
- Sich bewusst Gedanken zu machen, weshalb man welchen Platz ausgewählt und was sich vor Ort anders dargestellt hat, um am nächsten Tag aus diesen Erkenntnissen zu lernen.
- In einem neuen Revier sich auf eine überschaubare Anzahl an Plätzen „einschießen", um diese zu unterschiedlichen Tages- und Wetterverhältnissen gut kennen zu lernen

All dies hilft dabei Vertrauen und Zutrauen in das eigene Handeln am weiten Ostseestrand zu entwickeln und es bringt Sie dem Ostseesilber einen großen Schritt näher.

Von einigen Revieren hört man naturgemäß (z.B. Fünen) mehr als von anderen über Meerforellenfänge (z.B. Ostjütland / Djursland). Wenn hier besonders viele Angler hinfahren oder die Vermarktung aktiver betrieben wird, ist dies kein Wunder. Aber andere Reviere bieten absolut vergleichbare Chancen und besitzen ihren ganz eigenen Reiz.

Es macht auch wenig Sinn, scheinbar guten Fangplätzen der vergangenen Tage hinterher zu fahren. Die Fische sind meist am nächsten Tag ganz wo anders. Interessant ist es aber zu überlegen, welcher Küstenabschnitt aufgrund von Wetterbedingungen, Strömungsverhältnissen etc. vielleicht zu bevorzugen wäre.

Neben der wichtigen Komponente Vertrauen zu entwickeln, sollte möglichst auch effektiv gefischt werden. Das heißt, nicht unnötig die Kräfte durch Marathonfischen vergeuden, um dann in der besten fischereilichen Phase unkonzentriert oder zu müde zu sein.

Die tatsächlichen Erfahrungen und der damit verbundene Lernprozess sollte am Ende jeder ganz persönlich machen, um seine individuelle Strategie zu finden. Finden Sie ihren eigen Stil, der Ihnen auch Spaß macht, dann kommen die Motivation und Erfolge ganz von alleine.

4.5 GUIDING

Das Buchen eines Guides kann als weitere Komponente ebenfalls helfen.

Mit dem Guiding können zwei Ziele verfolgt werden:

1. **GENERELLER EINSTIEG IN DIE MEERFORELLENFISCHEREI**
   Hier geht es darum, die Meerforellenangelei an der Ostsee ganz praktisch kennen zu lernen. Gerade als Einsteiger kann es hilfreich sein, mit einem erfahrenen Guide ein paar Tage an der Küste zu verbringen, um einen schnelleren Einstieg in diese spezielle Angelei zu finden. Gleichzeitig lässt sich dies auch damit verbinden, z.B. das Fliegenfischen an der Ostsee zu erlernen oder zu verbessern. Es stehen also zum einen Angeltechniken im Vordergrund, sowie um ein Gefühl für typische Strände und Angelplätze zu entwickeln.

2. **NEUES REVIER KENNEN LERNEN**
   Verbringt man den Meerforellenurlaub erstmals in einem neuen Revier, dann kann es Zeit sparen, sich einen Guide zu nehmen, um schneller das Revier kennen zu lernen. Man will mit ihm schnellstmöglich das Gewässer, die besonderen Gegebenheiten, die besten Fliegen / Zeiten kennen lernen, um danach selber weiter zu fischen.

Da Guiding Geld kostet, sollte man sich vorher erkundigen und ein paar Fragen abklären, um vom Guiding bestmöglich zu profitieren. Hilfreich ist es immer, aufgrund von Empfehlungen oder Referenzen die potentielle Guidingqualität abzuschätzen. Mit dem Guide selbst sollten Sie vorab ihre persönliche Erwartungshaltung abgleichen.
Gerade der unerfahrene Meerforellenangler kann von einem Guide, der sein Leben lang die Heimatgewässer befischt, eine gute Starthilfe erhalten. Der Guide gibt sein Wissen zur aktuellen Situation und zu den besten Küstenabschnitten i.d.R. gerne weiter. Das kann helfen eine gewisse Unsicherheit zu verlieren und man spart sich möglicherweise eine unnötige Enttäuschung im dann doch recht kurzen Urlaub.

5. GEZIELT AUF GROSSE FISCHE

Jeder von uns möchte natürlich auch einmal einen Traumfisch an der Küste fangen. Wenn wir von großen Fischen sprechen, dann meinen wir Meerforellen mit einem Gewicht ab 4 kg bzw. ab 70 cm Länge.
Es gibt Angler, die vielleicht nie das Glück haben werden, diese magische Grenze zu überschreiten und andere, die in einer halben Stunde zwei Fische von über 70 cm fangen.
Diese großen Meerforellen haben ihre Ernährung auf Hering, Sprotte und Sandaal umgestellt und befinden sich den größten Teils des Jahres außerhalb der Wurfweite des Küstenanglers.

Noch am ehesten besteht die Chance, einen großen Blankfisch in Küstennähe zu erwischen, wenn meist Einzelfische im Winter und im Frühjahr die flacheren Küstengewässer aufsuchen.
Ein wirklich gezieltes Befischen von großen Meerforellen ist an den allermeisten Küstenlinien der Ostsee nicht möglich, so dass der Fang eher "Sechs Richtigen im Lotto" gleicht.

Aber es gibt das ein oder andere Revier, das doch regelmäßig mit dem Fang überdurchschnittlich großer Forellen von sich Reden macht:

1. Südschweden (Skane und Blekinge)
2. Bornholm
3. Rügen
4. Ostjütland / Djursland
5. Fehmarn

Für alle Reviere gilt, dass der Zeitraum von Dezember bis April den besten Zeitraum dars
tellt, wobei Djursland auch im späteren Jahr erstaunlich gut fischt.

Das richtige Zeitfenster hängt aber davon ab, wie kalt der Winter ist bzw. war, und wie sich die Wassertemperaturen und das Nahrungsangebot entwickeln.

© Heiko Döbler

Kräftige Blankfische jagen auch im küstennahen Bereich nach Sandaal oder Hering, so dass entsprechende Kunstköder oder Streamer wichtig sind, die schnell und eher tief geführt werden sollten.

Die Fangplätze von großen Meerforellen unterscheiden sich nicht von den typischen Hotspots. In manchen Revieren (z.B. Fehmarn) sind insbesondere Plätze prädestiniert, an denen tiefes Wasser nicht weit entfernt ist.

Hinzu kommen noch Plätze, an denen große Felsen im Wasser liegen und Tangwälder, Riffe und Strömungsrinnen ein gutes Nahrungsangebot versprechen.

Eine weitere, übereinstimmende Erfahrung aus allen Revieren beinhaltet, dass frischer Wind, auflandige Welle und leicht angetrübtes Wasser gute Voraussetzungen darstellen. Wenn dann noch im April sich der Frühling mit einer schlagartig erhöhten Temperatur einstellt, haben Sie den bestmöglichen Zeitpunkt erwischt.

Ein großer Blankfisch in bester Kondition liefert einen harten Drill. Weite Fluchten sind dabei nichts Ungewöhnliches. Die Bremse darf nicht zu weich eingestellt sein, denn der Fisch kann nur über die Bremse und die Rute ermüdet werden.

Eine Strömung wie im Fluss, die eine zusätzliche Wirkung besitzt, fehlt natürlich an der Küste. Dafür kommen andere Hindernisse wie große Steine oder Tangwälder dazu.

Verliert man den Kontakt und drillt zu zaghaft, wird man auch den Fisch verlieren. Auf der anderen Seite führt ein zu hartes Abbremsen dazu, dass der Fisch springen wird und die Gefahr wächst, dass er mit einem Schwanzschlag das Vorfach bricht oder der Haken ausschlitzt. Ein gehakter Fisch in dieser Größe geht in mehr als 50% aller Fälle verloren.

Häufig fehlt die Erfahrung, das Material ist fehlerhaft oder man wird einfach völlig überrascht und reagiert falsch.

Da es immer geschehen kann, dass doch einmal der Fisch des Lebens am Haken hängt, sollte das Gerät entsprechend in gutem Schuss sein:

- sehr scharfe und stabile Haken
- sehr gute Bremse, die ruckfrei / widerstandsfrei einsetzt
- saubere Knoten, die vor dem Fischen überprüft werden
- Vorfachmaterial darf nicht zu dünn gewählt sein

Die Rute selbst muss nicht zwingend ein harter Knüppel sein. So hat z.B. der Schwede Johan Bergqvist im März 2002 eine Meerforelle von 10,6 Kg an einer Fliegenrute der Klasse 5 bewältigen können. Gefangen hat er sie übrigens an der Küste um Helsingborg.

Sich wirklich auf den Fang von sehr großen Meerforellen an der Küste zu spezialisieren, ist sicherlich nicht möglich. Selbst Angler, die direkt vor Ort wohnen, müssen immer eine gehörige Portion Glück besitzen, um vielleicht einmal im Jahresverlauf einen solchen Fisch ans Band zu bekommen. Die Chance ist aber regelmäßig vorhanden und das macht auch den Reiz der Meerforellenfischerei aus.

Deutlich höher ist die Chance, eine wirklich große Meerforelle zu fangen, wenn Sie im Fluss fischen. Schauen Sie doch einmal in das **North Guiding Buch „Fluss-Strategie"**, das diese faszinierende Fischerei ebenfalls ausführlich beschreibt.

6. ANGELTECHNIKEN & AUSRÜSTUNG

Das Ziel eine Meerforelle zu fangen, kann im Wesentlichen mit drei Angeltechniken erreicht werden, die alle ihre Berechtigung haben.

Bei den Techniken und insbesondere beim Equipement beschränken wir uns auf die wichtigsten Erfahrungswerte.

Bei Angelruten, Rollen oder Schnüren ist die Auswahl riesengroß und z.T. unüberschaubar. Das Angelgerät sollte eine Mindestqualität aufweisen und salzwasserbeständig sein, um nicht nach kürzester Zeit erneut investieren zu müssen.

Bei der Auswahl des Geräts sind Sie am besten bei einem guten Gerätehändler aufgehoben, der sich mit dieser speziellen Fischerei auskennt.

Auch das Thema Köderwahl soll nicht weiter verkompliziert werden, denn alle zentralen Punkte wurden bereits im Kapitel 4.3 angesprochen.

Interessanter ist doch eher die Frage, wann sind welche Angeltechniken am effektivsten und wie fischt man sie am erfolgreichsten (Präsentationstechniken).

Häufig liest oder hört man die Aussage, dass das Spinnfischen einerseits im Frühjahr und das Fliegenfischen andererseits über das gesamte Jahr am erfolgreichsten sei.

Diese Aussage ist etwas zu pauschal und hängt immer von den örtlichen Gegebenheiten, Nahrungsangebot und Wetterbedingungen ab.

Im Frühjahr, wenn das Nahrungsangebot noch nicht groß ist, verteilen sich die Meerforellen entlang der Küstenlinie oder ziehen schnell weiter. Das bedeutet, dass es wichtig ist, zügig eine große Wasserfläche abzusuchen, um Fische zu finden. Mit der Spinnrute tut sich der Angler leichter, diese zu erreichen. Da die Meerforellen in dieser Zeit häufig Sandaale und Hering jagen, fällt das Spektrum der Blinker und Küstenwobbler eher in richtige Ködergrößenordnung als eine Fliege. Aber es ist keinesfalls so, dass der Fliegenfischer sich in dieser Zeit besonders schwer tut. Bei richtiger Platzwahl trifft sogar das Gegenteil zu.

Wenn im weiteren Jahresverlauf das Nahrungsangebot vielfältiger und reichhaltiger wird, besitzt der Fliegenfischer mit seinen Fliegen eine breitere und dann eben effektivere Möglichkeit, eine Meerforelle zu überlisten.

Die Vorteile des Spinnfischens liegen darin, dass größere Köder angeboten werden können, die sich weiter werfen lassen. Es fällt auch leichter Strecke zu machen, um Fische zu suchen. Auch unter widrigen Windverhältnissen kann man mit der Spinnrute fischen und es macht trotzdem Spaß. Und in Revieren wie Bornholm fischt es sich häufig am besten, wenn man direkt im Wind steht und auch bei Windstärke 5 und mehr noch den Köder ins Wasser bekommt.

Der Nachteil des Fliegenfischens liegt für viele darin, dass es schlichtweg nicht ohne Aufwand zu erlernen ist. Insbesondere wenn man versucht, es sich selbst beizubringen, ist dies in der Regel ein aussichtsloses Unterfangen. Hier sollte jeder Anfänger Zeit und Geld in einen Wurfkurs investieren und sich im Klaren sein, dass danach weiter geübt werden muss.

Dass diese Angeltechnik den Angler immer wieder fordert und man eigentlich ein Anglerleben lang immer etwas dazu lernen kann, übt für viele den Reiz aus. Wer dann noch den ersten Drill einer Meerforelle an der Fliegenrute erlebt hat, ist meist endgültig infiziert und wird vielleicht „fly only"-Angler.

6.1 FLIEGENFISCHEN

Das Fliegenfischen an der Küste hat in den letzten Jahren enorm an Popularität gewonnen und stellt eine interessante Angelmethode dar. Zum einen wird in der Breite immer klarer, dass keine 100 Meter Würfe erforderlich sind, um erfolgreich auf Meerforellen zu fischen. Zum anderen übt die Angeltechnik an sich und die Möglichkeit, mit unterschiedlichen Fliegen ein breiteres Nahrungsspektrum der Meerforelle zu imitieren, einen ganz eigenen Reiz aus.

Die Küstenfischerei mit der Fliegenrute wurde in Skandinavien und insbesondere in Dänemark entwickelt und populär gemacht.

Anfang der 1980er Jahre veröffentlichten Per Karlsen und Mogens Espersen eine ganze Reihe an Artikeln über das Küstenfliegenfischen in der größten dänischen Angelzeitschrift „Sportsfiskeren" und verhalfen der bis dahin häufig belächelten Angelmethode an der Küste zum Durchbruch. Aber auch der Däne Jan Grünwald trieb mit vielen Veröffentlichungen und von ihm entwickelten Fliegenmustern, wie z.B. die Glimmerreje, diesen Trend voran.

Hat man den wichtigsten Schritt beim Fliegenfischen getan und die Grundtechniken in einem guten Wurfkurs erlernt, dann macht es auch Sinn sich mit weiteren Details zu befassen.

© Heiko Döbler

6.1.1 AUSRÜSTUNG

RUTE

Die erste Frage, die sich stellt ist, welche Eigenschaften und welche Klasse sollte eine Fliegenrute für die Küstenfischerei besitzen. Inzwischen wird an der Küste in einer Bandbreite von Klasse 5 bis 8 gefischt. Die Rutenklasse hängt von zwei Faktoren ab. Zum einen ist es die Fliegengröße und zum anderen sind es die Windverhältnisse. Zum Einstieg empfiehlt sich eine Rute der Klasse 7, die später um eine Rute der Klasse 6 ergänzt werden kann. Weitere Klassen sind nicht wirklich erforderlich.

Mit der Klasse 7 lassen sich größere Fliegen (Gr. 6 bis 2) noch gut werfen und die Rute knickt auch bei widrigeren Windverhältnissen nicht gleich weg. Viele moderne Ruten dieser Klasse wären vor einigen Jahren übrigens noch als Klasse 8 eingestuft worden.

Mit Ruten der Klasse 6 können Sie sehr gut kleinere Fliegen (Gr. 10 bis 6) fischen. Fischen Sie bei klarem Wasser und wenig Wind, kann eine etwas feinere Fischerei sehr sinnvoll sein.

Selbst mit einer Klasse 6-Rute werden Sie auch noch eine große Meerforelle beherrschen, so dass aus diesem Gesichtspunkt heraus keine höhere Klasse als #6 oder #7 angedacht werden muss. Die am häufigsten gefangenen Meerforellen an der Küste bewegen sich ja auch überwiegend in einer Größe von 40 bis 50 Zentimetern.

Da an der Küste meistens ein Wind weht, sollte eher eine schnelle Rute bevorzugt werden, die es Ihnen erleichtert, mit engen Schnurschlaufen durch den Wind zu schneiden und noch ausreichend Schnur heraus zu bekommen.

Auch schnelle Ruten können sehr unterschiedlich ausfallen, so dass diese Ruten vor dem Kauf ausprobiert und verglichen werden sollten, um die zum eigenen Wurfstil passende Rute auszuwählen.

Am besten geeignet sind Rutenlängen von 9 Fuß. Längere Ruten führen nicht zu einer größeren Wurfweite, aber während eines langen Angeltages führen sie zu einem schnelleren Ermüden des Handgelenkes. Der einzige Vorteil einer etwas längeren Rute ist, dass es an einem Strand, der steiler ansteigt, beim Rückschwung etwas später zum Bodenkontakt kommt. Aber deswegen kauft man sich keine zweite Rute, die minimal länger ist.

Mangelnde Verarbeitungsqualität bei Ringen, Lackierungen und Rollenhaltern bestraft das salzhaltige Ostseewasser sehr schnell, so dass man auf eine Mindestqualität achten, und sich eine salzwassergeeignete Rute kaufen sollte.

ROLLE

Die Fliegenrolle hat im Wesentlichen die Aufgabe die Schnur aufzunehmen. In den seltensten Fällen werden Sie die Limits der Rolle bzgl. Bremskraft / -wirkung und Backingkapazität benötigen. Selbst große Fische machen selten wirklich lange Fluchten. Sicherlich macht es Sinn, dass auch die Rolle einigermaßen salzwasserbeständig ist. Aber wichtiger sind eher eine gute Rute und die dazu passenden Schnüre.

In jedem Fall sollten Sie die Rolle wie auch die Rute regelmäßig mit Süßwasser abspülen.

SCHNUR

Auch bei dem Thema Fliegenschnüre könnte man eine Wissenschaft daraus machen, was meist nur zu unnötigen Verwirrungen führt.

Als Einsteiger sollte man ausschließlich eine Vollschnur fischen bis das eigene werferische Können einen Umstieg auf die Schusskopffischerei ermöglicht.
Auch wenn der erste Eindruck mit einem Schusskopf suggeriert, dass man eine größere Weite als Einsteiger erzielen könnte, so ist das nicht der Fall.

Als Vollschnur sollte eine WF oder eine sinkende Slow-Intermediate Schnur gewählt werden, bei der die Keule um die 10 bis 11 Meter liegt. Longbelly-Schnüre wie die Pounch sind für den Einsteiger gute Schnüre zum Üben auf der Wiese, führen aber an der Küste zur vermeidbaren Frustration, da eine erhebliche Schnurlänge bewegt werden muss.
Ein Nachteil der schwimmenden Schnur ist übrigens, dass bei Wellengang der direkte Kontakt zur Fliege verloren geht und die Fliege nicht mehr tief genug fischt.
Schnur und Rute müssen gut aufeinander abgestimmt sein. Hier hilft ein erfahrener Angelfreund oder ein entsprechend guter Fachhändler sicherlich weiter.

Mit einem Schusskopfsystem (separate Runningline und Schusskopf) ermöglicht die im Vergleich zu Vollschnüren dünnere Runningline dem erfahrenen Werfer bei gleichen Bedingungen eine etwas weitere Wurfweite.
Ein weiterer Vorteil ist es, dass die Schussköpfe schnell zu wechseln sind und nicht zwingend eine Ersatzspule mitgeführt werden muss, um sich veränderten Bedingungen anzupassen:

- zum einen kann die Sinkeigenschaft variiert werden (Floating, Intermediate, Sinker)
- zum anderen kann die Schusskopflänge den Windverhältnissen angepasst werden:

- Langer Kopf (= 11 Meter) für wenig Wind und freiem Rückraum
- Mittellanger Kopf (= 10 Meter) bei Wind von vorn
- Kurzer Kopf (bis 9 Meter) bei Rückenwind oder beschränktem Rückraum (Steilküste)

Grundsätzlich gilt, dass bei gleichem Gewicht der Keule, sich mit dem längeren Kopf die größere Weite erzielen lässt.

Allerdings wird zu kaum einem Thema an der Küste mehr Anglerlatein verbreitet als über die erzielte Wurfweite beim Fliegenfischen. Lassen Sie sich nicht davon irritieren. Selbst Profis wie Claus Eriksen fischen den Tag über in einer Bandbreite von 18 bis maximal 24 Meter und fangen genau dort ihre Fische. Viel wichtiger ist es, als krampfhaft weit zu werfen, dass das Vorfach sauber gestreckt wird und die Fliege unmittelbar fischt.

Zu erwähnen ist vielleicht noch, dass insbesondere für die Schusskopffischerei ein **Schnurkorb** einen unerlässlichen Ausrüstungsgegenstand darstellt.

VORFACH

Solange Sie die Vorfächer nicht selbst knoten wollen, entscheiden Sie sich für gezogene Vorfächer.

Die Vorfachspitze sollte nicht unter 0,26 Millimeter liegen. Der Grund liegt weniger in der zu erwartenden Fischgröße als an der besseren Abrolleigenschaft. Gerade Anfängern hilft es, die leidigen Luftknoten zu minimieren. Hat sich doch ein Knoten eingeschlichen, so haben Sie zumindest eine bessere Reserve bzgl. der Tragkraft. Aber sobald Sie den Knoten entdecken, lösen Sie diesen oder wechseln die Spitze.

Zu den monofilen Vorfächern ist Fluocarbon eine Alternative. Abriebfestigkeit, geringere Sichtigkeit, Lebensdauer und schnelleres Sinkverhalten sprechen für ein Fluocarbon-Vorfach. Für das Monofilvorfach sprechen die bessere Tragfähigkeit bei gleichem Durchmesser und das langsamere Sinkverhalten, wenn besonders flach gefischt (z.B. über Tangwäldern) werden soll.

Polyleader?! Wenn Sie viele schöne Meerforellen gefangen haben, Sie keine Fliegen selbst binden und es einmal im Winter langweilig wird, dann können Sie sich damit beschäftigen. Ansonsten lassen Einsteiger am Anfang eher die Finger davon. Profis überlegen den Einsatz von Polyleadern insbesondere dann, wenn besonders große Fliegen genutzt werden sollen, um mit Hilfe des Polyleaders die Abrolleigenschaften des Vorfachsystems zu optimieren.

Bei der Flussfischerei haben Polyleader natürlich eine ganz andere Bedeutung.

6.1.2 PRÄSENTATIONSTECHNIKEN

Der zentrale Punkt liegt bereits, wie kurz angesprochen, in einem **gestreckten Vorfach**. Erst wenn Sie dieses stabil hinbekommen, lohnt es sich, die Wurfdistanz weiter zu optimieren.

Die ausgeworfene Fliege verlockt eine Meerforelle sehr häufig zur sofortigen Attacke. Wenn ihr Vorfach dann nicht gestreckt ist und Sie somit nicht unmittelbar fischen können, haben Sie keinen direkten Kontakt, um den Anschlag zu setzen. Viel tragischer ist es, wenn Sie

in den allermeisten Fällen den Biss erst gar nicht mitbekommen.
Neben der Wurftechnik kann eine bessere oder weniger gute
Streckung des Vorfachs beeinflusst werden, indem eine beschwerte
Fliege gefischt wird und / oder die Vorfachlänge / -stärke variiert wird.

Die nächste Komponente stellt die generelle **Führungstiefe** dar, die
durch die Sinkrate der Schnur und / oder die Beschwerung der Fliege
variiert werden kann. Wichtig ist eine gute Abstimmung des Systems,
so dass immer ein gradliniger Kontakt zur Fliege besteht und somit
kein Teil der Fliegenschnur / des Vorfachs signifikant durchhängt.
Ansonsten kann der entscheidende Anschlag verpuffen.

Folgende typischen Situationen lassen sich unterscheiden:

1) ALLROUNDSITUATION AN DER KÜSTE

Die typische Situation an der Küste stellt ein Strandabschnitt mit einer zu befischenden Wassertiefe von einem bis zwei Metern dar. Idealerweise fischt man hier im Mittelwasser und dies erreicht man am besten mit Slow-Intermediate-Schnüren und (leicht) beschwerten Fliegen. Fischt man mit einer Floating-Leine, dann bewegt sich die Fliege eher oberflächennah. Auch dann wird man seine Meerforellen fangen. Der Nachteil ist aber, dass es eher einmal zu Fehlbissen kommt. Fischt man dagegen nachts, sollte man eher oberflächennah fischen, so dass die Silhouette der Fliege sich gegen den etwas helleren Nachthimmel besser abzeichnet. Außerdem bewegen sich viele Krebstierchen und Garnelen in der Nacht in der oberen Wasserhälfte.

© Heiko Döbler

2) FLACHE BEREICHE (Z.B. ÜBER TANGWÄLDERN)

Flache Bereiche oder über hängerträchtigen Tangwäldern kann ohne weiteres die Slow-Intermediate-Schnur, allerdings mit unbeschwerten Fliegen, gefischt werden. Alternativ bewährt sich natürlich auch eine Floating-Leine.

In dieser Kombination fischt man sich übrigens auch am besten ins Wasser. Also zuerst vom Ufer / Spülsaum fischen, um dann vorsichtig und fischend einzuwaten.

3) TIEFES STRÖMUNGSREICHES WASSER

An tieferen Stellen kann eine Sinkleine genau das richtige sein, um in einer ausreichenden Tiefe fischen zu können.

Bei der **Führung der Fliege** können der Einholrhythmus und die Geschwindigkeit variiert werden.

Abhängig davon, welche Fliege man fischt, die ja ein bestimmtes Nahrungsgetier imitieren soll, sollte die Einholtechnik abgestimmt werden:

TANGLÄUFER

Tangläufer bewegen sich im Wasser eher langsam und schwimmen auch einmal auf der Seite. Eine entsprechende Fliege kann langsam eingeholt werden oder auch einfach mal schweben gelassen werden. Trotzdem sollten auch hier schnelle Einstripphasen eingebaut werden.

GARNELEN

Garnelen bewegen sich ganz unterschiedlich. Zum Teil schweben sie im Wasser oder bewegen sich nur langsam. Bei Gefahr können sie sich allerdings mit Schwanzschlägen sehr schnell und ruckartig bewegen. Eine entsprechende Fliege sollte also sehr variantenreich eingeholt werden.

SEERINGELWURM

Der Seeringelwurm zieht mit schlangenförmigen und gleichmäßigen Bahnen durch das Wasser, wenn er im Freiwasser schwimmt. Dies kann mit gleichmäßigen Einholbewegungen gut nachgeahmt werden.

KLEINFISCHE

Kleine Fischchen wie Stichlinge, Grundeln oder Fischbrut Diese Gruppe der Futterfische schwimmt selten kontinuierlich, sondern sie schwimmen eine kurze Strecke und bleiben dann für eine kurze Pause wieder stehen. Werden sie in die Flucht geschlagen, werden die Bewegungen natürlich deutlich schneller.

SANDAALE, SPROTTEN, HERINGE

Insbesondere die Sandaale schwimmen sehr kontinuierlich und gradlinig. Müssen sie die Flucht ergreifen, schwimmen sie schnell zum Grund, um sich im Sand zu verstecken. Entsprechende Streamermuster sollten grundsätzlich eher schnell eingeholt werden. Bei beschwerten / jiggenden Streamern kann die Fluchtbewegung zum Grund durch gezielte Einholpausen sehr gut nachgeahmt werden.

GRUPPENMUSTER

Bei Gruppenmustern wie Magnus- und Wooley-Bugger-Varianten aber auch Reizfliegen, die kleine Fische aber auch Garnelen oder Würmer nachahmen, sollte die Einholstrategie immer wieder einmal gewechselt werden.

Der Fliegenfischer wird die Fliege nie zu schnell für die Meerforelle einholen können, denn selbst kleine Tangläufermuster am Spirulino gefischt, bringen regelmäßig Fisch.

Grundsätzlich gilt, dass es bei einer schnelleren Führung der Fliege weniger Nachläufer gibt und dafür vehementere Bisse produziert werden. Die Meerforelle hat weniger Zeit sich zu entscheiden und die vermeidliche Nahrung genauer zu beurteilen. Eine zu langsame und gleichzeitig variantenreiche Führung produziert mehr Nachläufer und zaghaftere, spitzere Bisse.

Dies bedeutet aber nicht, dass nun permanent so schnell wie möglich eingestrippt werden sollte, sondern so schnell wie nötig und so langsam wie möglich. D.h. sehr schnell mit stark jiggender Großfliege, mittelschnell mit leicht beschwerter Großfliege und bei kleineren Fliegen richtet sich die Einholgeschwindigkeit je nach Muster.

Bei vorhandener Strömung kann auch die Variante erfolgreich sein, in der eine langsam und natürlich mit der Strömung verdriftende Fliege als Taktik gewählt wird. Wenn es zusätzlich tief ist, fischt die schnelle Fliege meistens zu flach.

Zu guter Letzt haben natürlich auch die gewählte **Fliege** und deren Aufbau einen starken Einfluss auf die Führungstechniken:

- Pulsiert oder atmet das Material stark oder weniger stark?
- Ist die Fliege beschwert und jiggt entsprechend oder würde sie eher im Wasser schweben bzw. langsam absinken?
- Muster und Größe der Fliege

© Heiko Döbler

6.2 SPINNFISCHEN

Der versierte Spinnfischer kann in jeder Situation, in welcher der Fliegenfischer gut fängt, erfolgreich sein. Dabei kann er sich ebenfalls mit einer Anpassung seiner Technik und Geräteabstimmung (bis hin zum Köder) auf verschiedene Situationen einstellen.

Das Spinnfischen hat dabei durchaus ein paar Vorteile:

- Widrige Windverhältnisse lassen sich leichter bewältigen und es kann auch bei einer wirklich frischen Brise noch gegenan gefischt werden.
- Es ist eine schnellere Köderführung möglich.
- Es können größere Köder gefischt werden.
- Die größere Wurfweite bringt auch mal den einen oder anderen Fisch mehr.
- Es fällt leichter, eine größere Wasserfläche abzufischen und dabei mehr Strecke zu machen. Gerade wenn es darum geht, Fische zu suchen und längere oder verschiedene Strand-abschnitte kennen zu lernen, ist der Spinnfischer einfach schneller und effizienter.

6.2.1 AUSRÜSTUNG

RUTE

Die Spinnrute für das Meerforellenfischen sollte dem jeweiligen Angler ganz persönlich liegen. Dem Einen liegt eher ein sehr straffer Blank und der Andere fischt lieber mit einer deutlich parabolischen Rute. Es gibt keine bessere oder schlechtere, sondern die Wahl sollte sich am persönlichen Wurfstil orientieren.

Die Auswahl ist groß genug und in allen Preisklassen vorhanden.

Angesichts der Durchschnittsgröße gefangener Meerforellen von 40 bis 50 cm, verwundert manchmal, mit welchen hohen Wurfgewichten gefischt wird. Deshalb sei an dieser Stelle kurz erwähnt, wie Angaben bzgl. des Wurfgewichts zu interpretieren sind:

- Liegt das Wurfgewicht z.B. bei 10 bis 30 Gramm, dann bedeutet dies nicht, dass die Rute ihr Optimum bei 30 Gramm hat, sondern dass dies das maximal empfohlene Wurfgewichtgewicht ist, das der Rutenblank verträgt.
- Das Optimum errechnet sich aus 10g + 30g = 40g : 2 = 20g. D.h. bei 20gr-Ködern (+/-) erzielt man mit einer 10-30g-Rute üblicherweise die Maximalweite (nicht mit 30g!).
- Mit einer Rute, die ein Wurfgewicht von 20 bis 50 Gramm aufweist, wird man mit Sicherheit keinen Spaß haben, denn diese eigenen sich eher für das schwere Lachs- oder Hechtfischen. Dazu kommt noch, dass der typische Meer-forellenblinker oder –wobbler etwa 20 Gramm wiegt und diese Rute unterfordert ist, also die Wurfweite leidet. Davon abgesehen wird die Durchschnittsforelle beim Drill kaum spürbar.

Die Allroundrute für die Küste liegt also bei einem Wurfgewicht von 10 bis 30 Gramm. Aber auch hier sollte man nicht immer den Herstellerangaben trauen, denn viele Ruten sind unterzeichnet.

Bei harten Windverhältnissen fischt man häufig Blinker von 25 bis 30 Gramm. Hier kann es sinnvoll sein, dass man eine zweite, etwas schwerere Rute in der Hinterhand hat.

Die Rutenlängen bewegen sich zwischen 2,70 und 3,30 Metern. Eine gängige Wahl ist eine 3 Meter-Rute. Aber auch die Rutenlänge muss individuell passen und hängt wiederum vom Wurfstil und dem Komfortanspruch ab. Längere Ruten sind häufig anstrengender zu fischen und führen bei vielen Anglern zu Rückenbeschweren, wenn mehrere Tage hintereinander intensiv gefischt wird.

Die Rutenlänge hat zwar einen Einfluss auf die Wurfweite, der aber überraschend gering ist.

In einer Ausgabe der Zeitschrift „Fisch & Fang" von 1994 wurden einmal insgesamt 31 Spinnruten zwischen 2,70 Meter und 3,35 Meter auch im Hinblick auf die Meerforellenfischerei Probe geworfen, um genau diese Frage zu klären. Dabei waren Ruten unterschiedlichster Preislagen mit in dem Vergleich.

Die höchste erzielte Einzelweite waren 75 Meter. Ansonsten ergab sich folgender Durchschnittswert der jeweils „besten" Ruten ihrer Länge:

- 9 Fuß: 63,2 Meter (13 Ruten im Test)
- 10 Fuß: 69,0 Meter (16 Ruten im Test)
- 11 Fuß: 69,2 Meter (3 Ruten im Test)

Heute sind die Rutenblanks sicher noch etwas leistungsfähiger geworden, aber die Relation zwischen den verschiedenen Rutenlängen hat sich nicht verändert.

ROLLE

Das wichtigste beim Thema Rolle ist, dass sie ausreichend salzwasserbeständig ist und etwas gepflegt wird, dann muss man sich auch nicht jede Saison eine neue Rolle kaufen.

Je nach Hersteller sind die 3000er bzw. 4000er Größen optimal. Aber es gibt genügend Angler, die auch mit einer etwas kleineren Rolle zufrieden sind.

SCHNUR

Hier hat sich eindeutig das Fischen mit geflochtenen Schnüren mit Durchmessern von 0,12mm bis 0,15mm durchgesetzt. Die Vorteile liegen auf der Hand: direkter Köderkontakt und geringere Köderverlustrate.

Die „Scheuchwirkung" ist völlig vernachlässigbar und das vorgeschaltete Mono- oder Fluocarbonvorfach hat eher eine psychologische Wirkung und im Zweifel einen Schwachpunkt – den Knoten. Theoretisch kann man noch die höhere Abriebfestigkeit aufführen.

Natürlich gibt es auch Verfechter für das Fischen mit Monofilschnüren (0,22 bis 0,25mm), aber diese sind klar in der Minderheit.

6.2.2 PRÄSENTATIONSTECHNIKEN

Beim Spinnfischen fängt das Präsentieren mit dem Aufschlag des Spinnköders an. Denn es sollte sofort Kontakt zum Köder bestehen und der Bügel geschlossen sein, denn häufig genug steigt eine Meerforelle bereits nach zwei / drei Kurbelumdrehungen ein.

Der Blinker oder der Küstenwobbler wird so schnell eingeholt, dass im Mittelwasser gefischt wird und kein unnötiger Hänger entsteht.

Erst wenn Sie einen Anfasser hatten und der Fisch nicht gehakt wird, machen Spinnstopps und eine variantenreiche **Einholgeschwindigkeit** Sinn. Ansonsten wird gleichmäßig eingekurbelt. Auch beim Spinnfischen kann nicht zu schnell eingeholt werden, als dass die Meerforelle den Köder nicht erreichen könnte.

Das macht auch Sinn, wenn wir den sporadischen Nachläufer mal ausklammern, denn ein langsamer Köder wird auch sehr lange gesehen und als Trug erkannt, ein schneller Köder muss entweder sofort genommen werden oder er ist wieder aus dem Sichtfenster.

Aber hier sollte jeder seinen Ansatz finden, zu dem er oder sie Vertrauen hat.

Die **Führungstiefe** kann leicht variiert werden, in dem etwas langsamer gekurbelt wird oder in dem ein etwas schwererer Köder genutzt wird.

Die Vielfalt der Formen und Farben von **Blinkern / Wobblern** ist inzwischen enorm. Hier gilt weniger ist mehr. Finden Sie Ihre Lieblingsköder, variieren Sie ein bisschen die Gewichtsbandbreite (16 bis 25 g) und nehmen Sie nie mehr als 10 oder 12 Kunstköder mit ans Wasser. Denn die Köder, denen SIE vertrauen, werden auch fangen.

Die besten Küstenköder weisen ein „überraschend" langweiliges Spiel auf. Zum einen bewegen sich die zu imitierenden Fischchen wie Sandaal und Co. auch eher gleichförmig, solange sie kein Fluchtverhalten zeigen. Und zum anderen lassen sich derartige Spinnköder auch besser (gerade bei Wind) werfen und flattern nicht, was erheblich an Wurfweite kosten würde.

Küsten-Wobbler lassen sich in der Regel etwas langsamer führen als Blinker, was in flacheren Passagen und auch bei kaltem Wasser recht hilfreich sein kann.

Eine Variante des klassischen Spinnfischens besteht in der Montage einer Beifänger- oder **Springerfliege**, die 50 bis 60 Zentimeter oberhalb des Spinnköders montiert wird. An vielen Stränden werden viele der Fische auf die Fliege fangen. Fischen Sie die Beifängerfliege, dann ist ein Monofil- oder Fluocarbon-Vorfach unumgänglich. Ob durch den Beifänger in Summe mehr Meerforellen gefangen werden ist letztendlich eine Frage der Überzeugung. Viele Dänen z.B. fischen nie ohne die zusätzliche Fliege und dies mit Überzeugung. Verzichten sollte man auf den Beifänger, wenn man über dichten Tangwäldern oder sehr steinigem Grund fischt. Hier ist die Hängergefahr einfach zu groß und es wäre schade, auf diese Art eine Meerforelle zu verlieren. Bewährt haben sich als Beifängerfliegen insbesondere Magnusvarianten, kompakte Garnelenmuster oder auch die Hintsholmfliege.

6.3 FISCHEN MIT DEM SPIRULINO

Das Spirulinofischen kombiniert die Spinnfischerei mit den Ködern des Fliegenanglers, und es können mit Hilfe des Spirulinos größere Wurfweiten erreicht werden als mit der Fliegenrute.

An der deutschen Küste sieht man diese Angelmethode vergleichsweise selten. Ganz anders sieht es bei unseren Nachbarn in Dänemark, die den Spirulino auch als Bombarda bezeichnen, und bei den Meerforellenanglern in (Süd-)Schweden aus. Hier ist das Fischen mit dem Spirulino weit verbreitet – und es ist sehr effektiv.

Ähnlich wie beim reinen Spinnfischen, kann mit dem Spirulino in allen Tiefen gezielt gefischt werden, wobei in flacheren Bereichen die Hängergefahr deutlich geringer ist.

Gefischt werden kann die komplette Bandbreite der Meerforellen-fliegen, begonnen beim Tangläufer, Garnelenmuster, Magnus-varianten, Wurmfliegen bis hin zum Tobisstreamer.

Wer dieser Angelmethode vertraut und sie längere Zeit fischt, wird über die Fängigkeit ziemlich überrascht sein. Wichtig ist, dass Sie den Spirulino richtig führen (vgl. Kap. 6.1.2).

6.3.1 AUSRÜSTUNG

RUTE & ROLLE

Das Wichtigste vorweg – Sie können dieselben Ruten und Rollen benutzen, die Sie auch beim konventionellen Spinnfischen auf Meerforellen einsetzen.
Vielleicht ist eine Rutenlänge von 3,20 m hilfreich, aber absolut kein Muss. Es ist davon abzuraten, sich extra eine spezielle Rute mit einer Länge von 3,60 m zu kaufen. Wenn Sie mit ihrer normalen Rute fischen, hat das auch den Vorteil, dass Sie unterwegs, ohne die Rute zu wechseln, die Angelmethode vom Spirulino- auf das Spinnfischen wechseln können. Die Strategie klappt natürlich auch umgekehrt. Gerade wenn die Meerforellen etwas heikler sind, kann das Wechseln auf den Spirulino und die Fliege den Tag retten.

SPIRULINOS

Einen Spirulino können Sie in vier verschiedenen Varianten und in unterschiedlichen Gewichten kaufen:

1. Schwimmend
2. Langsam sinkend
3. (schnell) Sinkend
4. Variabel, da mit Wasser auffüllbar

Verzichten Sie auf die Varianten 1 und 4. Der schwimmende Spirulino wird manchmal empfohlen, wenn sehr oberflächennah z.B. nachts gefischt werden soll. Der Nachteil ist aber, dass dann der Spirulino häufig von der Meerforelle attackiert wird und nicht unsere Fliege.
Die auffüllbaren Spirulinos sind von ihrer tatsächlichen Sinkrate schwer einschätzbar und da sie teurer sind, ist ihr Einsatz nicht wirklich erforderlich.

Empfehlenswert sind folgende Ansätze:

a) Langsam sinkender Spirulino in 15 und 20 Gramm, wenn oberflächennah und eher langsam gefischt werden soll.
b) Schnell sinkende Spirulinos in den Gewichten 15 Gramm, 20 Gramm für alle Allround-Situationen.

c) 25 Gramm Spirulinos in den wenigen Fällen, in denen besonders weit geworfen werden muss und / oder besonders tief gefischt werden soll.

Die ausgewiesenen Gewichte von Spirulinos stimmen in der Regel nicht. Fast immer gibt es eine Abweichung von bis zu 5 Gramm nach oben!

SCHNUR & VORFACH

Auch bei der Hauptschnur gibt es keinen Unterschied zum reinen Spinnfischen – also in der Regel eine geflochtene Schnur.
Die Montage ist denkbar einfach. Durch den Spirulino wird die geflochtene Schnur gezogen, dann eine oder zwei Gummiperlen als Dämpfer und Knotenschutz. Am Ende der geflochtenen Schnur wird dann ein Dreifachwirbel angeknotet (Knoten unbedingt auf Haltbarkeit überprüfen).

Als Vorfach eignet sich am besten 0,25 bis 0,27 mm Fluocarbon. Die Vorfachlänge ist normalerweise knapp länger als Rutenlänge und zwar so, dass ein Fisch noch vernünftig gekeschert werden kann.

Das Durchfädeln der geflochtenen Schnur (gerade wenn sie nass ist) kann manchmal etwas kniffelig sein. Hier zwei Tipps wie man sich helfen kann:

1. Entweder die geflochtene Schnur doppelt legen und etwas verzwirbeln, so dass diese etwas steifer wird und sich dann leichter einfädeln lässt.

2. Wenn dies nicht hilft, dann nehmen Sie das vorbereitete Fluocarbon-Vorfach. Dieses lässt sich leicht durchfädeln. Fädeln Sie es „falsch" herum durch, machen einen Schlaufenklang und fädeln das Ende erneut durch den Spirulino. Durch die Schlaufe ziehen Sie ein ausreichend langen Teil der geflochtenen Schnur. Nun ziehen Sie mit Hilfe der Vorfach-Schlaufe die geflochtene Schnur durch den Spirulino – fertig.

6.3.2 PRÄSENTATIONSTECHNIKEN

Das Auswerfen des Spirulinos ist eigentlich ganz einfach, wenn Sie drei Dinge beachten:

1. Sehen Sie den Spirulino als Spinnköder und im Prinzip werfen Sie ihn auch so.

2. Beim Zurücklegen des Vorfachs müssen Sie nur darauf achten, dass die Fliege nicht z.B. im Tang hängen bleibt.

3. Bevor der Spirulino aufschlägt, schlagen Sie den Rollenbügel um bzw. greifen in die Schnur, so dass sich das Vorfach strecken kann und sich nicht beim ersten Absinken des Spirulinos um diesen vertüddelt.

Sie werden sehen, nach zwei oder drei Versuchen klappt dies ganz hervorragend.

Falls Sie doch Probleme haben, dass das Vorfach sich immer wieder oberhalb des Spirulinos um die geflochtene Schnur legt, dann helfen meist zwei Ansatzpunkte weiter. Zum einen ist es wichtig, dass beim Auswerfen der Spirulino nicht hart und dabei ganz gradlinig ausgeworfen wird, sondern die Flugbahn einen deutlichen Bogen beschreibt. Zum anderen hilft eine etwas dickere Vorfachstärke (0,27mm) dabei, um dass ganze System etwas steifer zu machen, so dass es sich nicht so schnell vertüddelt. Wenn Sie diese beiden Punkte beim Auswerfen beachten, werden Sie praktisch keine Probleme haben. Diese stellen sich erst wieder ein, wenn bei sehr kräftigem Wind gegen den Wind angeworfen wird.

Wenn mit dem Spirulino gefischt wird, sollte man erst einmal alles vergessen, was man in diesem Zusammenhang zum ganz langsamen Einkurbeln gehört hat. So wurde anfangs mit dem Spirulino gefischt als diese Methodik von Forellenseen auf die Meerforellenfischerei übernommen worden ist. Früher hat man auch mit Wasserkugeln gefischt, die an der Wasseroberfläche trieben, so dass zwangsweise eine langsamere Führungsweise erforderlich war.

Am erfolgreichsten wird der Spirulino schnell gefischt und zwar genauso schnell wie ein typischer Küsten-Wobbler. Es sind auch keine permanenten Spinnstopps erforderlich. Die Führungsweise wird erst variiert, wenn Sie einen Anfasser spüren. In diesem Falle nicht anschlagen, sondern weiterfischen. Auch wenn der Fisch zugepackt hat, wird nicht angeschlagen, sondern weitergekurbelt bzw. die Rute gehalten, so dass man den Fisch auf diese Weise in die Rute schwimmen lässt. Damit vermeiden Sie, dass Sie dem Fisch die Fliege aus dem Maul ziehen. Spüren Sie, dass die Fliege gegriffen hat, dann können Sie ggf. noch einen leichten Anhieb setzen.

Je nach Rutenklasse sollte ein sinkender Spirulino in 15 oder 20 Gramm gefischt werden. Das ist der beste Allround-Ansatz, mit dem Sie auch Würfe parallel zum Ufer machen können ohne wirkliche Hängergefahr. Und immer daran denken, dass Sie schnell einkurbeln. Die Meerforellen packen selbst kleine Fliegen, die schnell geführt werden. Zu langsame Führung resultiert meistens darin, dass gar nichts, deutlich weniger oder eher recht kleine Fische gefangen werden.

Natürlich kann die Führungsweise auch variiert werden:

- Hat man Fische gesehen oder Fehlbisse gehabt, sollte man Spinnstopps machen, die Fliege mit unterschiedlichen Geschwindigkeiten einholen etc.
- Fischt man z.B. eine Garnelenimitation, dann holt man die Fliege ruckweise ein, um den natürlichen Bewegungsrhyhtmus einer Garnele, die flüchtet, nachzuahmen.

Sind die Meerforellen etwas vorsichtiger und soll z.B. auch bei kaltem Wasser eine etwas langsamere Führungsweise probiert werden, kann auf einen langsam sinkenden Spirulino gewechselt werden und / oder das Vorfach deutlich verlängert werden. Wenn das Vorfach verlängert wird, dann kann ein gehakter Fisch meist nur gestrandet werden. Das sollte man vorher bedenken.

Mit dem Spirulino fächern Sie die Angelplätze genauso ab, wie mit dem Blinker oder dem Wobbler. Was mit dem Spirulino besonders gut geht, ist das Befischen auch flacherer Bereiche nahezu parallel zum Strand. Wenn Sie dort nicht gerade erst durchgewatet sind, dann werden Sie sich wundern, wieviele Meerforellen Sie gerade im Frühjahr und Herbst auf diese Weise überlisten können.
Besser als mit der Fliegenrute, ist es auch möglich, mit zwei verschiedenen Fliegen (z.B. Wurmfliege und Garnele) am Vorfach zu fischen. Dann sollten Sie aber in jedem Fall mit 0,27mm Vorfachmaterial fischen, um einem Vertüddeln entgegen zu wirken.
Dies ist gerade im Frühjahr eine gute Strategie, um heraus zu bekommen, welche Nahrung die Meerforelle an einem bestimmten Küstenabschnitt bevorzugt.
Die gefischte Fliege wird nach den gleichen Kriterien ausgewählt wie beim Fliegenfischen und richtet sich insbesondere nach dem am jeweiligen Küstenabschnitt vorhandenen Nahrungsangebot der Meerforelle.

6.4 DER ERFOLGREICHE DRILL VON FISCHEN

ANHIEB

Naturgegeben unterscheidet sich der Anhieb bei allen drei Angelmethoden.

Beim Spinnfischen steigt die Meerforelle meist recht hart ein und der Fisch hakt sich selbst. Zur Sicherheit kann / sollte man einen zusätzlichen Anhieb setzen.

Wie beschrieben, sollte man beim Spirulinofischen aufgrund der kleineren Fliege und Hakens den Fisch in die Rute schwimmen lassen, so dass der Haken gut sitzt. Auch hier kann ein leichter Anhieb im Nachgang nicht schaden, um letzte Sicherheit zu bekommen, dass der Haken sitzt.

Beim Fliegenfischen können die Bisse je nach Führungsweise und je nach dem wie straff die Schnur geführt wird, ganz unterschiedlich ausfallen.
Wird eher zügig geführt, ist der Anbiss deutlich zu spüren. Statt die Rute zum Anhieb zu heben, sollte der sog. Stripstrike gesetzt werden. D.h. der Anhieb erfolgt durch einen kräftigen Ruck mit der Fliegenschnur nach hinten.
Dies hat zwei Vorteile. Zum einen sind Sie schneller. Zum anderen kommt der Anhieb mit einer ganz anderen Wirkung durch. Im Moment des Stripstrikes können Sie eine Kraft von gut 2 Kilogramm auf den Haken ausüben. Beim Anhieb mit der Rute kommen nur wenige 100 Gramm bis zum Haken durch.

Führen Sie die Fliege zu langsam, lassen Sie diese bewusst absinken oder geht durch Wellengang der direkte Kontakt etwas verloren, haben Sie nämlich kleine Bögen in der Fliegenschnur sowie dem Vorfach. Damit würde der Stripstrike möglicherweise verpuffen. In diesen Fällen spüren Sie auch den Anbiss kaum, so dass Sie auf jede Abweichung der Fliegenschnur (z.B. hört sie auf zu treiben oder der Winkel beginnt sich zu verändern) mit einem Anhieb über die Rute reagieren sollten.

DRILL

Eine gehakte Meerforelle reagiert in den seltensten Fällen mit langen Fluchten. Absteiger kämpfen mit Kopfschlägen nahezu auf der Stelle und kräftige Forellen machen spürbare, aber nicht sehr weite Fluchten, wobei sie auch zu Sprüngen neigen, wenn sie zu hart forciert werden.

Trotzdem muss immer auf einen direkten Kontakt geachtet werden und der Drill sollte, insbesondere wenn der Fisch zurückgesetzt werden soll, kurz und bündig sein. Falls der Drill etwas länger dauert, achten Sie darauf, dass Sie den Fisch im tieferen / freieren Wasser ermüden, bevor er sich im dichten Tang befreien kann. Im flacheren Wasser springen und wälzen sich die Fische viel mehr, so dass dann häufig ein Fisch verloren geht.

Steigt z.B. ein Nachläufer kurz vor der Rutenspitze ein, wird es etwas anspruchsvoller. Meist ist der Angler perplex, hält die Rute fest oder setzt einen viel zu harten Anschlag und der Spinnköder fliegt im hohen Bogen ins Wasser.

Hier muss der Fisch in die Rute schwimmen, um so den Haken zu setzen und er braucht dann erst einmal Spielraum durch eine gut eingestellte Bremse, die ggf. zusätzlich geöffnet wird. Dann kann begonnen werden, die Meerforelle zu drillen.

In der gleichen Situation hat der Fliegenfischer nahezu die komplette Fliegenschnur eingestrippt und er sollte unter Zug die Fliegenschnur nachgeben, ggf. langsam zurücklaufen und so die erste Flucht abfedern. Dann ist über die Fliegenschnur und Rute wieder genug Puffer im System, um ebenfalls die Meerforelle vernünftig drillen zu können.

Der Fliegenfischer muss auch beim Drillen an langer Schnur darauf achten, dass ein direkter Kontakt zum Fisch besteht. Dies ist schwieriger als beim Spinnfischen. Ggf. die Rute hochhalten und die Leine einstrippen bis der Kontakt hergestellt ist. Ansonsten schwimmt die Meerforelle einen Bogen und kann leicht das Vorfach sprengen. Wenn der direkte Kontakt vorhanden ist, dann kann begonnen werden, die Fliegenschnur auf die Rolle zu bekommen, um dann den Drill über die Rolle und Rute zu Ende zu führen. Aber keine Hektik, hat der Anhieb gesessen, dann bietet die Fliegenschnur im Wasser in der Regel genügend Widerstand, um einen ausreichenden Druck auf den Haken auszuüben.

Vergessen Sie nicht jede Sekunde des Drills zu genießen, auch wenn Sie den Fisch verlieren sollten oder es „nur" eine kleine Meerforelle sein sollte.

KESCHERN / LANDUNG

Abhängig von der Größe des Fisches, von der Struktur des Untergrunds und von der Entfernung zum Strand fällt die Entscheidung, wie die Meerforelle am besten zu landen ist.

Kleine Fische sollten weder gekeschert noch angelandet werden. Ist der Fisch ausgedrillt, dann reicht es oft den Hakenschenkel zu fassen und durch leichtes Ankippen den Fisch vom Haken zu befreien, ohne dass er angefasst werden muss und ggf. die Schleimhäute verletzt werden.

Stehen Sie unweit des Strandes, ist es meist am einfachsten den Fisch zu stranden. Halten Sie ausreichend Abstand und verkürzen Sie die Leine nicht zu sehr, ansonsten schlitzt der Fisch häufig noch im letzten Moment aus. Gehen Sie ein Stück den Strand hoch und bringen Sie die Meerforelle zum Stranden.

Befindet sich der Angler im tieferen Wasser oder auf einer Sandbank und damit weiter weg vom Strand, dann sollte der Fisch mit Hilfe eines ausreichend großen Keschers gekeschert werden.

CATCH & RELEASE

- Wenn Sie planen, den Fisch wieder zurückzusetzen oder er untermaßig ist, dann schließen Sie den Drill so schnell wie möglich ab.
- Wenn Sie Zweifel haben, ob der Fisch das Schonmaß erreicht hat, dann ist er zu klein. Lassen Sie ihn frei.
- Treffen Sie die Entscheidung, ob Sie einen Fisch zurücksetzen so schnell wie möglich und keschern Sie ihn nicht erst, um dann zu überlegen.
- Ggf. ist es sinnvoll in etwas flacheres Wasser zu waten, um den Fisch besser zu kontrollieren.
- Verzichten Sie auf den Kescher, wenn ein Fisch released werden soll.
- Drücken / quetschen Sie einen Fisch nicht zu fest. Forellen sind besonders verletzlich und es ist leicht, versehentlich Luft aus der Schwimmblase zu drücken.
- Lassen Sie den Fisch so lange wie möglich im Wasser. Am besten lösen Sie den Haken, solange er noch im Wasser ist.
- Versuchen Sie den Fisch vom Haken zu befreien, ohne ihn anzufassen. Gehen Sie mit der Hand der Leine / dem Vorfach entlang, bis Sie den Hakenschenkel zu fassen bekommen, um dann den Haken zu lösen.
- Versuchen Sie den Haken möglichst ohne Werkzeuge zu lösen. Falls es nicht gehen sollte, dann ist eine Zange am besten geeignet. Dauert es zu lange, schneiden Sie das Vorfach so knapp wie möglich ab. Über kurz oder lang wird der Fisch den Haken von selbst verlieren.
- Um ein Photo zu machen, nehmen Sie den Fisch nur kurzzeitig aus dem Wasser. Wenn Sie alleine sind, verzichten Sie im Zweifel lieber auf ein Photo, bevor der Fisch in den Sand gelegt wird.
- Wenn Sie den Fisch aus dem Wasser nehmen, dann greifen Sie nie in die Kiemen und halten Sie ihn nie nur am Schwanz. Beides führt zu gravierenden Verletzungen. Halten Sie ihn mit zwei Händen, um jegliche Verletzung zu vermeiden.
- Lassen Sie den Fisch aus eigener Kraft wegschwimmen und Werfen Sie den Fisch nicht einfach ins Wasser zurück. Manchmal muss der Fisch eine Weile gestützt / bewegt werden bis er wieder ausreichend zu Kräften gekommen ist.

7. BEKLEIDUNG & ZUBEHÖR

In dem Kapitel Bekleidung & Zubehör sollen nicht die nahe liegenden Dinge von den Socken bis zur Polbrille aufgezählt werden, sondern es werden komprimiert die wichtigsten Tipps auf Basis einer langjährigen Küstenerfahrungen zusammengefasst.

7.1 BEKLEIDUNG

WATSCHUHE

Der zentrale Punkt bei den Watschuhen ist, dass Sie an der Küste Filzsohlen haben sollten. Alles andere ist eine Fehlentscheidung, da Sie mit Gummisohlen einen viel zu unsichern Halt haben. Gummisohlen sind besonders auf sehr steinigem Watuntergrund sehr rutschig.

Allerdings ist es geplant, dass bis spätestens 2011 alle Hersteller auf Filzsohlen verzichten werden. Hintergrund ist, dass mit Filzsohlen potentiell leichter Krankheiten etc. von einem Gewässer zum anderen übertragen werden können. Gemeint sind hier zwar Fliessgewässer, aber die Entscheidung ist von grundsätzlicher Natur.

Bereits heute schon ist z.B. eine Einreise nach Neuseeland mit Filzsohlen unter den Watschuhen ausgeschlossen.

Der ein oder andere Hersteller hat bereits Gummisohlen mit einem Profil entwickelt, welche eine vergleichbare Rutschsicherheit wie Filzsohlen gewährleisten sollen. Die Praxistauglichkeit muss abgewartet werden.

WATJACKE

Bei der Watjacke sollte darauf geachtet werden, dass der Reißverschluss ausreichend stabil ist und nicht nach kurzer Zeit hakelt und sich im falschen Moment nicht mehr schließen lässt.

Bei manchen Watjacken besteht ein zweiter Schwachpunkt darin, dass z.B. die Brusttaschen unten Löcher haben. Gedacht war dies, falls Wasser durch eine Welle in die Tasche eindringt, damit es schnell ablaufen kann. Leider laufen die Taschen aber auch ungewollt durch die Löcher voll, wenn man z.B., um eine Rinne zu durchqueren, auch einmal tiefere Stellen durchwaten muss / will.

Sehr praktisch ist eine wasserdicht verschließbare Rückentasche, um eine Ersatzspule, ein Brötchen oder eine kleine Thermoskanne mitnehmen zu können und so auf einen Rucksack verzichten zu können.

WATHOSE

Die Allroundhose ist eine atmungsaktive Wathose, die ohne weiteres auch bei kalten Wassertemperaturen getragen werden kann, wenn das Unterzeug passt. Aktuell wird quer über alle Anbieter überdurchschnittlich häufig über Qualitätsmängel geklagt.

Unabhängig davon, für welchen Hersteller Sie sich entscheiden, scheint der wertvollste Tipp zu sein, dass Sie den Kauf bei einem Händler ihres Vertrauens tätigen, der Sie bei einer Reklamation nicht im Regen stehen lässt.

Bei wirklich sehr kalten Temperaturen kann immer noch die Neoprenwathose eine gute Wahl sein, da diese ein unbemerktes Auskühlen des Körpers wirksamer aufhält. Nachteil ist, dass bei weiten Märschen entlang der Küste, sich eine gewisse Feuchtigkeit entwickelt, die unangenehm werden kann.

Zur Wathose sollte unbedingt ein Watgürtel getragen werden, um bei einem unfreiwilligen Bad, eindringendes Wasser aufzuhalten.

7.2 ZUBEHÖR

Das Zubehör lässt sich auf drei Punkte beschränken:

1. Ein Kescher, der ausreichend groß ist und ein knotenloses Netz besitzt.
2. An manchen Küstenlinien ist ein Watstock, der stabil genug ist, unumgänglich.
3. Insbesondere beim Fliegenfischen sollte auf eine (Pol-)Brille keinesfalls verzichtet werden. Eine unerwartete Windböe kann dazu führen, dass die Fliege plötzlich in das Gesicht gedrückt wird.

7.3 WAS GEHÖRT IN DIE WATJACKE?!

In die Watjacke gehört so wenig wie möglich. Machen Sie den Test und legen Sie einmal alles auf den Tisch, was Sie sonst so mitnehmen. Überlegen Sie einmal, wann haben Sie was wirklich einmal gebraucht.

Folgende Dinge müssen mit:
* eine (nicht zwei und mehr) Köder- oder Fliegenbox
* Vorfachmaterial, Wirbel und ggf. einen Ersatz-Spirulino
* Messer / Priest, Lösezange, Maßband
* ein Schleifstein zum Nachschärfen von Haken
* Thermometer
* Digitalkamera

Mehr muss wirklich nicht mit – versuchen Sie es einmal.
Na gut, falls Sie eine wasserdichte Rückentasche haben, dann passt da vielleicht noch eine Ersatzspule, ein Schokoriegel und etwas zu trinken hinein.

Nehmen Sie bloß keine zweite Rute oder gar einen riesigen Rücksack mit. Dies ist alles Ballast, der Sie daran hindert, effektiv einen Strand abzufischen und der ihnen die Flexibilität nimmt, doch noch einmal die Stelle zu wechseln.

8. TIPPS ZUM WATEN & SICHERHEIT

Bevor in das Wasser gewatet wird, sollte zuerst überlegt werden, ob nicht die ersten Würfe vom Spülsaum erfolgen sollten.

Häufig ist zu beobachten, dass Meerforellenangler direkt ins Wasser waten und versuchen, soweit es die Wathose erlaubt, in das tiefere Wasser zu gelangen. Häufig werden ufernahe Meerforellen dabei vertrieben. Gerade wenn lautstark eingewatet wird, führt der entstehende Lärm / Schall zu einer ungewollten Scheuchwirkung.

Strandabschnitte, die die typische Badewanne aufweisen oder schnell tiefer werden, sollten immer erst vom Strand aus mit einigen, fächerförmigen Würfen abgefischt werden. Besonders am frühen Morgen oder bei aufgewühltem Wasser, das nicht zu trübe ist, kann die eine oder andere Meerforelle in unmittelbarer Ufernähe überlistet werden.
Wird nicht gerade ein lang gezogenes Riff oder ein besonders flach verlaufender Küstenbereich befischt, ist ein besonders weites Einwaten auch nicht erforderlich. Wie häufig ist davon zu hören, dass ein Fliegenfischer im Rücken einer Gruppe Spinnfischer eine Meerforelle fangen konnte.

Auch aus Gründen einer vermeintlich besseren Wurfweite bis zum Bauch einzuwaten, bringt keinen wirklichen Vorteil. Zum einen wirft es sich auf Dauer erheblich entspannter und auch weiter, wenn man nicht ganz so tief einwatet.

Zum anderen nehmen Meerforellen einen aufschlagenden Blinker noch ohne weiteres in einem Umkreis von mindestens 20 m wahr und werden bei entsprechender Beißlaune die Verfolgung aufnehmen.

In jedem Fall sollte man sich fischender Weise ins tiefere Wasser vortasten und aufmerksam im Umkreis die Wasseroberfläche absuchen.

Die zu bewatenden Untergründe können sehr unterschiedlich sein und es lassen sich, sechs Schwierigkeitsgrade unterscheiden:

1   sehr leicht = reiner Sandgrund

2   leicht = steinig mit Sandflächen / noch kein Watstock nötig

3   schwierig = durchweg steinig / größere Steine / Tangwälder
    (bei wenig Watroutine wird ein Watstock empfohlen)

4   anspruchsvoll = viele große glitschige Steine / Tangwälder
    (Watstock erforderlich)

5   sehr schwierig = sehr große und viele glitschige Steine, viele Löcher, durchaus auch gefährlich (Watstock zwingend erforderlich, tiefes Einwaten kaum möglich)

6   nicht möglich = Felsenküste, steile tiefe Kanten

Diese Kategorisierung der Schwierigkeitsgrade ist auch Bestandteil der Angelführer von NORTH GUIDING. Jede Angelstelle enthält auch diese Information, um jedem eine schnelle Einschätzungsmöglichkeit zu geben, was ihn wattechnisch dort erwartet.

Gerade in anspruchsvollen Revieren wie Südschweden, Bornholm oder auch Rügen sollte keinesfalls auf den Watstock verzichtet werden.
Der Watstock wird mit einer ausreichend langen Leine am Watgürtel gesichert.

Über kurz oder lang wird jeder Küstenangler einmal ein (Voll-)Bad in der Ostsee nehmen.

Die Situationen, die hierzu führen, können ganz unterschiedlich sein:

• über einen Stein stolpern

• zu tief gewatet, um z.B. noch die nächste Sandbank zu erreichen

• von einer Welle überrascht

Die wichtigste Sicherheitsmaßnahme ist, dass konsequent ein Watgürtel getragen wird, um das Eindringen von Wasser deutlich zu minimieren.
Gleichzeitig erschwert eine geschlossene Watjacke ein zu schnelles Eindringen des Wassers.

Verliert man den Boden unter Füßen, kommt man um einige Schwimmzüge nicht herum, um wieder festen Boden unter die Füße zu bekommen.

Aufgrund der Luft in den Hosenbeinen (besonders bei atmungsaktiven Wathosen) kommt es vor, dass es schwierig wird, die Füße wieder richtig auf den Boden zu stellen. Hier hilft es, die Beine anzuwinkeln, mit beiden Armen rudernd das Gleichgewicht zu halten, um dann die Beine in Richtung Untergrund zu drücken. Im Zweifel muss man einige Schwimmzüge in der Rückenlage machen.

Unangenehm kann es sein, wenn man z.B. von einer Welle im knapp oberschenkeltiefen Wasser von den Füßen gerissen wird, was gern einmal beim Zurückwaten zum Strand geschehen kann. In dieser Tiefe, und wenn dann noch Wellengang dazu kommt, kann es ebenfalls schwierig werden, die Füße wieder auf den Boden zu bekommen.

Wichtig ist es dann, möglichst nicht in Panik zu verfallen und im Zweifel lieber die Rute loszulassen, als keinen Halt zu bekommen oder ausreichende Schwimmbewegungen machen zu können. Wenn man in die Rückenlage gerät, bleibt nichts anderes übrig, als sich auf den Bauch zu drehen, um schnellst möglich wieder Bodenkontakt herzustellen, um aufstehen zu können.

Läuft eine Wathose tatsächlich komplett voll, ist die Bewegungsfreiheit sehr stark eingeschränkt. Waten oder schwimmen wird zu einem ernsthaften Problem. Neoprenhosen liegen enger an und laufen in Verbindung mit einem Watgürtel deutlich weniger voll als die weiteren, atmungsaktiven Wathosen, die sich aber komfortabler tragen lassen.

Bei unbekanntem und schwierigem Terrain sollte immer ein Watstock genutzt werden und am besten erkundet man einen neuen Watweg bei ruhigen Wetterverhältnissen und lieber in Begleitung als allein auf sich gestellt.
Gerade bei kalten Wassertemperaturen sollte jeder im Sinne der eigenen Sicherheit umsichtig vorgehen und auf keinen Fall ein unnötig hohes Risiko eingehen. Insbesondere wenn man alleine unterwegs ist.
Ggf. sollte über das Tragen einer Rettungsweste nachgedacht werden.

9. PHOTOGRAPHIEREN AN DER KÜSTE

Mit den heutigen Digitalkameras ist es sehr leicht geworden, einen Meerforellenurlaub oder einen Tag an der Küste mit Photos festzuhalten.

Nun ist es nicht das Ziel dieses Buchs, ein Fachbuch für Photographie zu ersetzen. So verstehen Sie die nachfolgenden Punkte als Anregung, um einen schönen Tag an der Küste in Form gelungener Photos festzuhalten. Diese Photos lassen auch nach Jahren noch viele schöne Erinnerungen lebendig werden.
Der häufigste Grund ist, weshalb am Schluss allerdings keine Photos vorhanden sind, dass die Kamera schlichtweg vergessen wurde oder so gut verpackt ist, dass es einfach zu lange dauert, sie immer wieder auszupacken.

Packen Sie die Kamera am besten in die Innentasche der Wathose oder der Watjacke. Eine gute Lösung ist auch eine wasserdichte Kameratasche, die am Watgürtel getragen werden kann. Oder Sie entscheiden sich gleich für eins der immer besser werdenden, wasserdichten Modelle.

Wichtig ist, dass Sie ohne viele Umstände in der Lage sind, Photos zu machen.

Machen Sie nicht nur Photos bei schönem Wetter und von Sonnenuntergängen. Auch bei Regen, Wolken und Sturm können ganz faszinierende Bilder entstehen.

Hilfreich ist es, sich im Vorfelde mit der Funktionalität der eigenen Kamera ausreichend auseinander gesetzt zu haben. Probieren Sie verschiedene Motive, Situationen und Lichtverhältnisse aus, um das Potenzial der Kamera zu verstehen. Sie werden sehen, es lohnt sich.

PHOTO EINER GEFANGENEN MEERFORELLE

Das schönste Photomotiv ist sicherlich, die erfolgreich überlistete Meerforelle auf ein Photo zu bannen.

Die eindruckvollsten Photos entstehen natürlich am Wasser und nicht später in der Küche oder auf der Wiese vor dem Ferienhaus.

Wenn Sie eine Meerforelle photographieren wollen, von der Sie wissen, dass Sie diese wieder zurücksetzen werden, ist es am besten, wenn ein Begleiter ein Photo schießen kann. Wenn der Haken möglichst im Wasser gelöst wurde, kann die Meerforelle kurz entnommen werden, um ein paar schnelle Photos zu machen. Die Meerforelle sollte nicht in den Sand oder auf Steine gelegt werden, da es einfach zu belastend ist. Im Zweifel sollte im Sinne der Meerforelle auf ein Photo dann doch verzichtet werden.

Leichter sind natürlich Fische zu photographieren, die auch entnommen werden und abgeschlagen wurden.

Die Meerforelle sieht unmittelbar nach dem Fang optisch am schönsten aus, so dass Sie auch nicht lange mit den Photos warten sollten. Säubern Sie die Forelle von Sand oder Tangresten, so dass sie in ihrer ganzen silbernen Schönheit zur Geltung kommt.

Darüber hinaus sollten Sie auf folgende Punkte achten:

- Vermeiden Sie, dass ihr Schatten auf die Meerforelle und das Motiv fällt.
- Wenn der Horizont sich mit auf dem Bild befindet, achten Sie darauf, dass dieser nicht schräg photographiert wird.
- Schauen Sie, dass die Meerforelle / das Motiv möglichst den Großteil des Photos ausfüllt.

© Heiko Döbler

Wasserdichte Kameras besitzen natürlich ihren ganz eigenen Reiz:

© Henrik Andersen

© Sven Gust

MAKRO-PHOTOS

Auch die Makrofunktion der Kamera bietet ganz überraschende Möglichkeiten, um Details und Ausschnitte in den Vordergrund zu rücken, die bei einem konventionellen Photo eher unter gehen.

PHOTO EINER ANGEL-/WURFSITUATION

Eine schöne Erinnerung stellt auch der Drill eines Fisches dar. Diese Situation muss natürlich von einem Begleiter dokumentiert werden:

- Hierzu sollte man dicht genug am Geschehen dran sein.
- Das Motiv incl. Rute sollte das gesamte Bild ausfüllen.
- Achten Sie auf einen geraden Horizont und die herrschenden Lichtverhältnisse.

Besonders beim Fliegenfischen können aktionsgeladene Situationen auf das Photo gebannt werden.
Auch wenn die nachfolgenden Bilder als Beispiel nicht perfekt sind, doch noch folgende Tipps:

- Gelungen wäre es, wenn die Fliegenschnur bzgl. der Farbe gut sichtbar ist.
- Für eine Photoaufnahme sind kurze Würfe besser als sehr lange, es sei denn, es sollen Distanzwürfe photographiert werden.
- Ein dunkler Hintergrund macht die Gesamtsituation deutlich sichtbarer als der hellere Horizont.
- Besonders schöne Bilder können Sie bei niedrigen Sonnenständen (morgens / abends) erreichen.
- Eine schnell auslösende Kamera erleichtert es ungemein, die gewollte Wurfsituation zu erfassen.

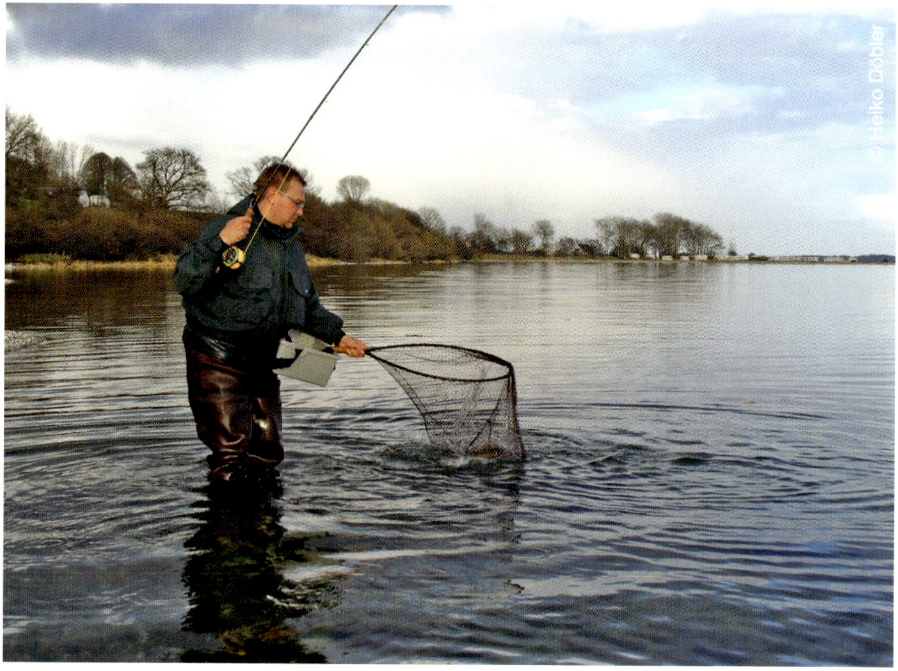
© Heiko Döbler

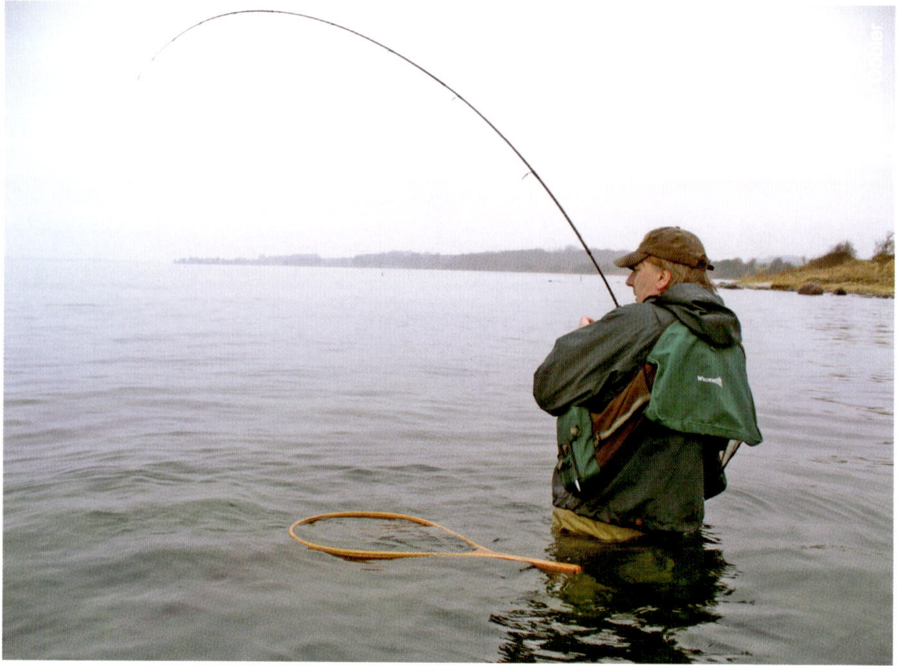

© Heiko Döbler

181

TACKLE-PHOTOS

In unser Angelequipment haben wir einiges investiert. Setzen Sie es doch einmal richtig in Szene. Hier entstehen sehr ästhetische Bilder und ergänzen den Satz Photos eines Urlaubs wunderbar.

10. DIE SCHÖNSTEN REVIERE IM OSTSEERAUM

Fragt man verschiedene Meerforellenangler nach dem besten Revier im Ostseeraum, so wird der überwiegende Teil mit Fünen antworten. Und es ist keine Frage, dass diese große dänische Insel sehr schöne Strände und Küstenlinien bietet. Dazu kommt, dass die fünischen Kommunen sich schon vor vielen Jahren zusammengeschlossen haben, weil sie als erste den Tourismuseffekt erkannt haben. Somit erfolgt seit 1990 ein exzellentes Marketing durch das Meerforellenprojekt Fünen und dem Tourismusverband.

Neben der Vermarktung wurde auch sehr viel für den Meerforellen-besatz getan, der nun auch durch intensive Maßnahmen zur Renaturierung der fünischen Flüsse unterstützt wird.

Der hohe Bekanntheitsgrad führt inzwischen dazu, dass der Angler in den Hauptzeiten der Saison an den Hotspots viele Gleichgesinnte trifft, so dass die ersten über alternative Reviere nachdenken.

Und diese gibt es natürlich, denn in nahezu allen Revieren der Ostsee (DK, SWE und D) treffen wir auf durchaus vergleichbare Bedingungen und Chancen.

🇩🇰 DJURSLAND / OSTJÜTLAND

Die Küstenlinie von Ostjütland ist außerordentlich abwechslungsreich. Zum einen beeindruckt die offene Küstenlinie am Kattegat durch ihre Steilküsten und zum anderen lassen sich beschauliche Buchten in der Ebeltofter Gegend ebenso finden wie schöne Fjorde z.B. bei der Stadt Randers.

Die Meerforellen, die man entlang der kompletten Küste antrifft, stammen im Wesentlichen aus zwei Flusssystemen. Die Fische, die am nördlichen Küstenabschnitt gefangen werden, stammen zum größten Teil aus der berühmten Gudenå. Sie sind durch den Randers Fjord in Meer gelangt, um sich am reichen Nahrungsangebot des offenen Kattegat gütlich zu tun.

Die übrigen Meerforellen stammen aus den Kolindsund Kanälen, die als Flüsschen Grenå in den Hafen von Grenå münden. Sie müssen somit nicht annähernd so weit schwimmen wie ihre Verwandten aus der Gudenå.

Djursland ragt direkt in das offene Kattegat mit seinem salzigen Wasser. Folglich fokussiert sich das Meerforellenangeln auf das Frühjahr, den Sommer und Herbst. In den Wintermonaten sind an der offenen Küste kaum noch Meerforellen zu finden. Die Meerforellen ziehen dann in die Flüsse und Fjorde, um dort zu überwintern. Hier finden sie dann angenehmere Bedingungen vor.

Der südliche Teil Ostjütlands besitzt eine ganze Reihe an kleineren Flüssen, die zu einem sehr guten Meerforellenbestand führen.
In Summe bietet Ostjütland eine überdurchschnittlich gute Fischerei. Anders als auf Fünen, fischt man in der Hochsaison viele Strände alleine. Meistens trifft man auf einheimische Angler.

🇩🇰 SÜDJÜTLAND / KLEINER BELT

Südjütland ist das Land der Fjorde. Im Süden liegt die Flensburger Förde und in Richtung Norden folgen der Aabenraa Fjord, der Haderslev Fjord, Kolding Fjord sowie der Vejle Fjord. Der gesamte Landstrich ist geprägt durch Landzungen, Riffe und attraktiven Küstenlinien mit schönen Steilküsten.

Das Revier bietet auch im Winter und somit 12 Monate im Jahr eine wirklich interessante Fischerei. In den Sommermonaten bietet beispielsweise der kleine Belt sehr gute Möglichkeiten, da hier immer eine deutliche Strömung setzt und die Wassertemperaturen für die Meerforelle angenehm bleiben. Für viele Meerforellenangler ist Südjütland nach wie vor ein Geheimtipp. In einem einschlägigen Hamburger Angelladen werden die besten Stellen mit Codes belegt, so dass bei einem „belauschten" Gespräch die tatsächliche Stelle im Unklaren bleibt. Durch die Nähe zu Deutschland bieten sich hier auch zu unterschiedlichen Jahreszeiten Kurzreisen an, um den südjütländischen Meerforellen nachzuspüren. Das gesamte Revier bietet gerade auch den Fliegenfischern sehr gute Möglichkeiten.

© Heiko Döbler

🇩🇰 BORNHOLM

Schon die Tatsache, dass Bornholm eine Insel ist, besitzt ihren ganz eigenen Reiz. Dazu kommt, dass die Landschaft der Insel und ihrer Küstenlinie einen ganz eigenen Reiz besitzt. Der Kontrast zwischen der Felsküste im Nordteil der Insel und den lieblicheren Stränden im Süden, zieht immer mehr Besucher in ihren Bann.

Die Bornholmer sind besonders stolz darauf, dass es sich bei allen Meerforellen tatsächlich um reinrassige Wildforellen handelt. Denn es wird in keinem der über 20 Flüsse Bornholms ein zusätzlicher Besatz durchgeführt.

Bis auf die Sommermonate bietet die Bornholmer Gewässer eine ansprechende Fischerei.
Innerhalb Dänemarks ist Bornholm auch als das beste Winterrevier bekannt, solange wir nicht einen derart harten Winter haben, wie es 2009 / 2010 der Fall war.

🇸🇪 SÜDSCHWEDEN

Das Mindestmaß von 50 Zentimetern stellt schon einmal einen Indikator dafür dar, dass in südschwedischen Gewässern besonders viele große Meerforellen unterwegs sind.

Dieser Fakt führt dazu, dass es immer mehr Meerforellenfreunde in diese Gewässer zieht. Wissen sollte man, dass es sich gerade im zeitigen Frühjahr nahezu um eine reine Keltfischerei handelt. Auch wenn sich zwischen den vielen Absteigern auch mal der ein oder andere Grönländer oder gar Überspringer fangen lässt.

Dies lässt sich besonders im Küstenbereich von Trelleborg über Ystad bis Simrishamn beobachten.

Fischt man die Bereiche des Öresunds oder begibt man sich in das besonders reizvolle Blekinge werden sich die Quoten (Blankfisch zu Kelt) von 1:10 zu 1:4 deutlich und positiv verändern.

Auch wenn man vielleicht einen Tick weniger Fische fängt, so lohnt es sich angesichts der steigenden Qualität doch einen Blick links und rechts „zu riskieren".

🏴 RÜGEN

Die Insel Rügen bietet zum Teil ein spektakuläres Naturerlebnis, wobei sich die Meerforellenfischerei auf den Zeitraum von Mitte Dezember (nach Beendigung der Schonzeit) bis Ende April auf den bereich entlang der Außenküste erstreckt.

Obwohl Rügen keine Flüsse mit einem eigenen Meerforellenaufstieg besitzt, finden sich viele und auch sehr große Meerforellen vor der Küste ein. Das zahlreiche Vorkommen an Sandaalen und Herings- sowie Sprottenschwärmen führt für die Meerforellen zu einem reich gedeckten Tisch.

Übrigens haben sich die Gewässer vor Rügen auch zu einem der besten Reviere zum Lachstrolling entwickelt. Immer häufiger sieht man Boote auch aus Schweden und Dänemark.

Darüber hinaus gibt es noch viel zu entdecken, ob an der deutschen oder auch an der dänischen Küste. Gerade Süd- und Nordseeland (inkl. Mön / Falster) bietet sich für Entdeckungsreisen gerade zu an. Wer das nötige Kleingeld besitzt, dem stehen weltweit noch weitere Reviere offen, um den Meerforellen nachzustellen:

- Norwegen & Island
- Schottland, Wales, Irland
- Argentinien
- Neuseeland

Der Touristikverband Wales bietet klare Argumente für einen Besuch und so lautet eine Botschaft:

„Why travel thousands of miles, spending thousands of pounds getting to a destination like Tierra-Del-Fuego, where the wind will drag the hair from your scalp and the countryside is a monotonous plane."

11. SCHUTZZONEN, SCHONZEITEN & ANGELERLAUBNIS (STAND 02/2010)

Wie sollte es auch anders sein, jedes (Bundes-)Land hat eigene Regelungen, die im ersten Moment auch nicht leicht zu durchschauen sind.

Im Folgenden sollen die wichtigsten Punkte zusammengefasst werden, die sich alle auf die Ostseeküste beziehen.

Wichtig ist, dass Sie sich im Zweifel zur aktuellen Rechtssituation informieren, denn Unwissenheit schützt vor Strafe nicht – darin sind sich zumindest alle Länder einig.

DEUTSCHLAND – SCHLESWIG-HOLSTEIN

FISCHEREISCHEIN /-KARTE

Sie benötigen einen gültigen Fischereischein. Eine zusätzliche Angelkarte ist nicht erforderlich.

Für Urlauber, die nicht in Schleswig-Holstein wohnen und keinen Fischereischein besitzen, besteht die Möglichkeit in Form einer Ausnahmegenehmigung von der Fischereischeinpflicht befreit zu werden. Urlauber können so z.B. bei der Verwaltungsbehörde in ihrem Urlaubsort eine Sondergenehmigung erhalten. Bei dieser Sondergenehmigung werden die Fischereiabgabe (12 EUR) und zusätzlich eine Verwaltungsgebühr (8 EUR) fällig. In manchen Urlaubsorten werden solche Sondergenehmigungen auch ausnahmsweise von den ansässigen Angelgeschäften vergeben.

MINDESTMASSE

- ▶ Meerforelle 40 Zentimeter
- ▶ Lachs 60 Zentimeter
- ▶ Dorsch 38 Zentimeter

SCHONZEITEN

Für Lachs und Meerforelle gilt eine Schonzeit vom 01.Oktober bis einschließlich 31. Dezember für Fische im Laichkleid, wobei silberblanke Fische mit losen Schuppen ausgenommen sind.

SCHONGEBIETE

Fischschonbezirke gelten vom 01.Oktober bis zum 31.Dezember um Mündungen von Zuflüssen, die im Einzelnen durch Verbindungslinien von Eckpunkten begrenzt werden: sie liegen in einem Abstand von 200 m beiderseits der Mündung und von dort im rechten Winkel seewärts bis zu einem Abstand von 200 Metern zur Uferlinie. Die einzelnen Zuflüsse können und sollten der Landesverordnung über die Ausübung der Fischerei in den Küstengewässern (Schleswig-Holsteinische Küstenfischereiordnung - KüFO) entnommen werden. Ganzjährige Schongebiete: Einmündung der Krusau in die Flensburger Förde mit einem Radius von 600 Metern um die Mündung und das Gebiet vor der Ausmündung der Schlei laut Schleswig-Holsteinischer Küstenfischereiordnung (KüFO).

INFORMATIONSMÖGLICHKEIT ZUM AKTUELLEN STAND

Im Internet können Sie sich hier zum jeweils gültigen Stand informieren:

→ www.umwelt.schleswig-holstein.de
  → Landwirtschaft, Fischerei, Ländlicher Raum
  → Fischerei
  → Gesetze und Verordnungen

▰ DEUTSCHLAND – MECKLENBURG-VORPOMMERN

FISCHEREISCHEIN /-KARTE

In Mecklenburg-Vorpommern ist ebenfalls ein gültiger Fischereischein erforderlich. Zusätzlich ist eine kostenpflichtige Angelerlaubnis erforderlich. Diese kann man, in allen Angelgeschäften, vielen Tankstellen und bei einigen Hafenmeistern erwerben. Es können Tageskarten zu 5 €, Wochenkarten zu 10 € oder auch Jahreskarten zu 20 € gekauft werden.

Auch wer keinen Fischereischein besitzt, kann in Mecklenburg-Vorpommern angeln. Denn seit Sommer 2005 gibt es den Touristenfischereischein. Für 20 € kann an 28 aufeinander folgenden Tagen geangelt werden. Den Schein erhält man bei allen Ordnungsämtern der Städte und Gemeinden. Er kann auch im Vorfeld schriftlich beantragt werden. Suchen Sie im Internet nach „Touristenfischereischein, Mecklenburg-Vorpommern, Download".

MINDESTMASSE

- ▶ Meerforelle 45 Zentimeter (nicht 40 Zentimeter !)
- ▶ Lachs 60 Zentimeter
- ▶ Dorsch 38 Zentimeter

Je Angeltag dürfen maximal drei Salmoniden entnommen werden.

SCHONZEITEN

Für Meerforelle und Lachs gilt eine absolute Schonzeit vom 15. September bis einschließlich 14. Dezember, unabhängig davon, ob die Fische gefärbt oder silbern sind.

SCHONGEBIETE

In Mecklenburg-Vorpommern und insbesondere auf Rügen müssen verschiedenste Schutzgebiete beachtet werden, worüber sich jeder im Vorwege genau informieren sollte:

a) Fischschonbezirke
Um den Wechsel der Fische zwischen Bodden und Ostsee sowie den Aufstieg in die Flüsse sicherzustellen, gibt es Fischschonbezirke. Dort ist jegliche Fischerei ganzjährig verboten. Dies betrifft die Meerenge zwischen Bock und Hiddensee, sowie die Peenemündung. Für den Aufstieg der Großsalmoniden in die potenziellen Laichgewässer sind die Flussmündungsbereiche einiger Fließgewässer (300 m Radius) mit einem befristeten Schonbezirk vom 1. August bis zum 30. November geschützt.

b) Laichschonbezirke
Der gute Bestand der Süßwasserfischarten Barsch, Hecht und Zander stellt für die brackigen Küstengewässer eine Besonderheit dar. Um die Nachhaltigkeit ihrer fischereilichen Nutzung zu gewährleisten,

wurden bereits im 19. Jahrhundert durch die Fischereiverwaltung die Randgewässer des Strelasundes und die Randgewässer des Greifswalder Boddens zu Laichschonbezirken erklärt, in denen jeglicher Fischfang vom 1. April bis 31. Mai eines jeden Jahres verboten ist.

c) Naturschutzgebiete (z.B. auch an Rügens Außenküste)
Fast alle Naturschutzgebiete sind wichtige Rast- und Brutgebiete für Vögel. Wegen der besonderen Störungsempfindlichkeit ist das Angeln dort nicht gestattet. Ausnahmen gelten jedoch für vier Gebiete, die aber für die Meerforellenfischerei nicht relevant sind.

INFORMATIONSMÖGLICHKEIT ZUM AKTUELLEN STAND

Im Internet können Sie sich hier zum jeweils gültigen Stand informieren:

→ www.service.m-v.de
    → schauen Sie unter Landesgesetze
    → www.lav-mv.de

▮▮ DÄNEMARK

ANGELSCHEIN

In Dänemark ist für alle Personen zwischen 18 und 67 Jahren ein kostenpflichtiger Angelschein vorgeschrieben (Jahr – 140 Kronen, Woche – 100 Kronen, Tag – 35 Kronen).
Der Schein ist in allen Touristikbüros und Postämtern erhältlich. Alternativ können Sie den Angelschein auch völlig unproblematisch im Internet ordern:

→ www.fisketegn.dk

In Dänemark ist ein Vertriebsverbot beschlossen. Dass heißt, dass Fische nur von registrierten dänischen Fischern und

Nebenerwerbsfischern verkauft werden dürfen. Es ist verboten, näher als 75m von ausgelegten Netzen und Reusen zu angeln.

MINDESTMASSE

- ▶ Meerforelle   40 Zentimeter
- ▶ Lachs   60 Zentimeter
- ▶ Dorsch   38 Zentimeter

SCHONZEITEN

Für Lachs und Meerforelle gilt eine Schonzeit vom 16. November bis einschließlich 15. Januar für Fische im Laichkleid, wobei silberblanke Fische mit losen Schuppen ausgenommen sind.

Achtung! Für <u>Bornholm</u> gilt eine verlängerte Schonzeit und zwar bis einschließlich 28. (29.) Februar!!!

SCHONGEBIETE

Es gibt zwei Arten von Schongebieten: ganzjährige sowie saisonale: Ganzjährig geschont sind Wassereinläufe von über 2 m Breite in einem Radius von 500 m um den Einlauf. Vom 16. September bis zum 15. Januar sind Wassereinläufe, die unterhalb von 2 m Breite liegen, in einem Radius von 500 m um den Einlauf geschont. Dazu kommen noch Schongebiete, die als biologisch wichtig eingestuft werden und deshalb als Schutzzonen deklariert wurden/werden. Beachten Sie auch die Besonderheiten bei Natur- bzw. Vogelschutzgebieten, die ganz oder zeitweise nicht betreten werden dürfen.

INFORMATIONSMÖGLICHKEIT ZUM AKTUELLEN STAND

Im Internet können Sie sich hier zum jeweils gültigen Stand informieren:

→ www.fisketegn.dk bzw. www.fd.fvm.dk
→ www.fredning.fd.dk

ANGELSCHEIN

Ein Angelschein ist an der schwedischen Ostseeküste nicht erforderlich.

MINDESTMASSE

- ▶ Meerforelle 50 Zentimeter (nicht 40 Zentimeter !)
- ▶ Lachs 60 Zentimeter
- ▶ Dorsch 38 Zentimeter

SCHONZEITEN

Für Meerforelle und Lachs gilt eine absolute Schonzeit vom 15. September bis einschließlich 31.Dezember, unabhängig davon, ob die Fische gefärbt oder silbern sind. D.h. in diesem Zeitraum wird an der Küste nicht auf Meerforellen gefischt.

SCHONGEBIETE

Flussmündungen sind in der Regel vom 1. Oktober bis einschließlich 31. März geschützt. Die Schongebiete sind z.T. ungewöhnlich ausgeformt, so dass hier Detailinformationen unerlässlich sind. Meistens sind links und rechts einer Flussmündung jeweils 500 m für das Schongebiet einzukalkulieren. Sind Vogelschutzgebiete ausgewiesen, darf 50 bis 100 m vor dem Strand nicht gefischt werden, was somit eine Küsten- / Watfischerei ausschließt.

INFORMATIONSMÖGLICHKEIT ZUM AKTUELLEN STAND

Im Internet können Sie sich hier zum jeweils gültigen Stand informieren:

→ www.fiskeriverket.se

Geben Sie in die Suchfunktion das Stichwort „Lokala fiskeregler" ein und Sie finden leicht die Übersichtsseite nach den schwedischen

Landesteilen.
Für Skane:
→ http://www.lansstyrelsen.se/skane/amnen/Fiske/Fiskebestammelser/

Für Blekinge:
→ http://www.lansstyrelsen.se/blekinge/amnen/Fiske/fredningsomrade.htm

Im Zweifel informieren Sie sich vorher im jeweiligen Touristoffice.

VERLAGS-PROGRAMM

STRATEGIEFÜHRER MEERFORELLE
DAS neue Standardwerk.

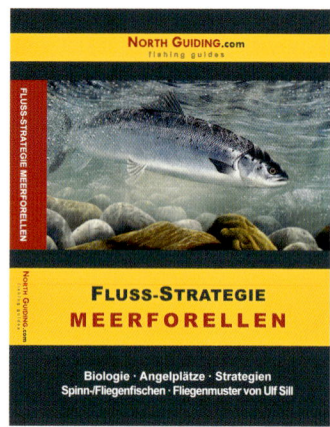

KUNSTDRUCKE von DAVID MILLER
Exklusiv für Deutschland – nur im Onlineshop
Wir sind stolz, dass wir Ihnen die unglaublich schönen Drucke des englischen Künstlers DAVID MILLER FISH & WILDLIFE ART exklusiv für Deutschland anbieten können. In unserem Webshop (www.NorthGuiding.com) können Sie die Kunstdrucke bestellen.

Die neue Generation – ANGELFÜHRER OSTSEEKÜSTE
Mehr Angelplätze / tolle Details

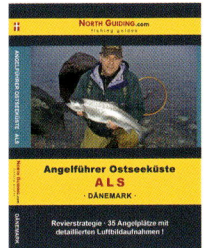 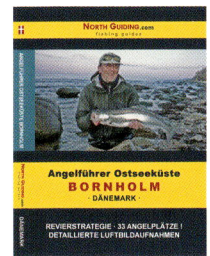 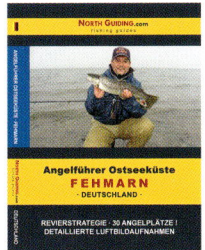 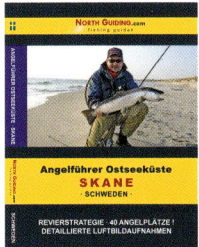

+++ ab Juni 2010 verfügbar +++

Deutschland
► Fehmarn
► Ostholstein
► Kiel / Eckernförde
► Flensburg / Kappeln
► Mecklenburg-Vorpommern
► Rügen

Dänemark
► Insel Als
► Südjütland
► Ostjütland / Djursland
► Lolland / Falster / Mön
► Seeland
► Langeland
► Bornholm
► u.a.

Schweden
► Skane
► Blekinge

+++ mit exzellenten Luftbildaufnahmen +++